KERSTEN

Die Notwendigkeit der Zuspitzung

Verfassungstheoretische Gespräche

Band 1

Die Notwendigkeit der Zuspitzung

Anmerkungen zur Verfassungstheorie

Von

Jens Kersten

Duncker & Humblot · Berlin

Bibliografische Information der Deutschen Nationalbibliothek

Die Deutsche Nationalbibliothek verzeichnet diese Publikation in der Deutschen Nationalbibliografie; detaillierte bibliografische Daten sind im Internet über http://dnb.d-nb.de abrufbar.

Satz: TextFormA(r)t, Daniela Weiland, Göttingen
Druck: CPI buchbücher.de GmbH, Birkach
Printed in Germany

ISSN 0935-5200
ISBN 978-3-428-18046-2 (Print)
ISBN 978-3-428-58046-0 (E-Book)

Gedruckt auf alterungsbeständigem (säurefreiem) Papier
entsprechend ISO 9706 ♾

Internet: http://www.duncker-humblot.de

Für Ulrich Battis

Vorwort der Herausgeber

Verfassungstheorie hat Konjunktur – als Reflexionsdisziplin der Verfassungsrechtswissenschaft ebenso wie als gemeinsames Projekt der Verfassungswissenschaften. Anfragen an das Konstitutionelle werden aus juristischer, historischer, soziologischer und philosophischer, aber auch in ökonomischer und politikwissenschaftlicher Sicht formuliert. Herausforderungen eines „global constitutionalism" lassen den Blick nach außen wenden und nach der Exportfähigkeit von Verfassung und Verfassungsidee im 21. Jahrhundert fragen. Reflexionen über die normative Kraft konstitutioneller Texte in einer fragmentierten Gemeinschaft multipler Normativitäten richten den Blick nach innen. Aus institutioneller Perspektive ist seit jeher zu ergründen, wer Hüter der Verfassung ist und wie Statik und Dynamik in der Fortentwicklung der verfassungsmäßigen Ordnung in Ausgleich gebracht werden können.

Diesen und vielen weiteren Fragen verfassungstheoretischen Raisonnements will diese Reihe einen Ort und die Gelegenheit zu Antworten geben. In ihr veröffentlicht werden die Vorträge, die im Rahmen der „Verfassungstheoretischen Gespräche BO/BN" seit 2019 abwechselnd an der Ruhr-Universität Bochum und an der Rheinischen Friedrich-Wilhelms-Universität Bonn stattfinden und deren gemeinsame Ausrichter wir sind.

Den Auftakt bildet der von Jens Kersten (München) im Juni 2019 an der Ruhr-Universität in Bochum gehaltene und in diesem Band zu einer Monographie ausgearbeitete Vortrag „Die Notwendigkeit der Zuspitzung: Anmerkungen zur Verfassungstheorie". Wir wünschen dem Band wie der Reihe selbst eine positive Aufnahme und freuen uns, das verfassungstheoretische Gespräch auf diesem Wege weiter in die Öffentlichkeit tragen zu können.

Bochum und Bonn, im Frühjahr 2020

Julian Krüper und
Heiko Sauer

Vorwort der Herausgeber

[illegible]

Vorwort

Diese Anmerkungen zur Verfassungstheorie gehen auf einen Vortrag zurück, den ich am 27. Juni 2019 im Rahmen der „Verfassungstheoretischen Gespräche“ in Bochum gehalten habe. Sie nehmen die Anregung von Peter Glotz auf, nicht nur die Politik, sondern auch die Verfassungstheorie als „Arbeit der Zuspitzung“ zu begreifen. In Zeiten vermeintlicher Alternativlosigkeit ist es wichtig, verfassungspolitisch und verfassungsrechtlich in Alternativen zu argumentieren. Deshalb kommt der Verfassungstheorie die Aufgabe zu, das Grundgesetz immer wieder neu und anders zu lesen. Wir müssen verfassungstheoretisch wieder lernen, stärker und pointierter in verfassungsrechtlichen Alternativen zu denken. Andernfalls werden wir nicht in der Lage sein, die sozialen und politischen, ökologischen und ökonomischen, technischen und kommunikativen Herausforderungen, vor denen wir heute stehen, demokratisch zu diskutieren, politisch zu gestalten und verfassungsrechtlich anzunehmen. Dies ist der Verfassungstheorie nur dann möglich, wenn sie sich nicht mehr ausschließlich auf die Verfassungsdogmatik konzentriert, sondern sich offen auf den interdisziplinären Dialog einlässt. Eine undogmatische und interdisziplinäre Verfassungstheorie versteht das Grundgesetz als eine Assemblage aus heterogenen Regelungen und diversen Regelungskomplexen, die zugespitzte Interpretationen und Erklärungen herausfordern. Es gibt daher keine Verfassungstheorie ohne Eigenschaften. Dies sollen die verfassungstheoretischen Diskussionen über die Verfassung der Natur, die Ästhetik der Verfassung, die Verteidigung unserer liberalen Verfassungsordnung gegen autoritäre Theorien und Politik sowie das Plädoyer für eine pluralistische Gesellschaft der Repräsentationen veranschaulichen.

Julian Krüper und Heiko Sauer möchte ich ganz herzlich für die Einladung zu den wunderbaren „Verfassungstheoretischen Gesprächen“ im Frühsommer 2019 nach Bochum danken, aus denen ich sehr viele pointierte Argumente mitgenommen habe. Darüber hinaus danke ich für Anregungen und Kritik Lea Bosch, Marc Bullach, Sandra Fritsch-Drlje, Luisa Griesbaum, Albert Ingold, Laura Münkler und Eva Schweiger.

München, im März 2020 *Jens Kersten*

Inhaltsverzeichnis

„Zuspitzung – will ich ihnen sagen – heißt für mich nicht Hetze und blinde Konfliktverschärfung, sondern meint die *Klärung der Gegensätze*, auch *die Mobilisierung von verborgenen und verschütteten Wünschen und Bedürfnissen*. Politik nicht als Sachgebiet, sondern als Produktionsprozeß: Man kann ‚politischen Rohstoff' *bearbeiten*, freisetzen und aufschlüsseln. Die Frage lautet: Wie bringst du es auf den Punkt? Ich würde *das Politische* nie – wie Carl Schmitt – auf die Unterscheidung von Freund und Feind reduzieren – politischer Stoff entsteht auch aus der Tatsache der Freundschaft und Solidarität. Aber man muß die *grundlegenden Alternativen* herausarbeiten. Hegel: ‚Die denkende Vernunft aber spitzt, sozusagen, den abgestumpften Unterschied des Verschiedenen, die bloße Mannigfaltigkeit der Vorstellung, zum wesentlichen Unterschied, zum Gegensatz zu.' Um diese Art der ‚Zuspitzung' geht es; nicht um auf Aufwiegelung."

Peter Glotz, Die Arbeit der Zuspitzung, 1984.

I. Einleitung: Verfassungstheorien spitzen zu

In Reaktion auf das Ende der sozialliberalen Koalition und die „geistig-moralische Wende" hat Peter Glotz im Jahr 1984 den Beruf der Politik als die „Arbeit der Zuspitzung" beschrieben. Auch die Verfassungstheorie sollte ihre Aufgabe in der Notwendigkeit der Zuspitzung sehen: Verfassungstheorien erklären das Grundgesetz nicht aus neutraler Distanz. Sie legen sich fest, klären Gegensätze, mobilisieren verborgene und verschüttete Bedeutungen und entfalten alternative Verständnisse unserer Verfassung sowie – bereits weitergedacht – der europäischen und internationalen Verfassungsordnung.[1] Glotz stellt die zentrale Frage der Politik: „Wie bringst du es auf den Punkt?"; und die Verfassungstheorie muss auf die Frage antworten: Wie pointiert liest du das Grundgesetz?

Die verfassungstheoretische Zuspitzung ist für den demokratischen Verfassungsstaat von ganz zentraler Bedeutung, wenn er die sozialen, politischen, ökonomischen und ökologischen Herausforderungen annehmen möchte, mit denen wir heute konfrontiert sind: soziale Fragmentierung

---

[1] Formulierungen bei *Glotz*, Die Arbeit der Zuspitzung, S. 8.

und Ungleichheit, demokratische Inklusion und die Krise der Repräsentation, politische Radikalisierung und Rechtsterrorismus, digitale und virtuelle Transformation und vor allem auch unsere ökologische Entgleisung: Artensterben, Klimawandel und Globalvermüllung. Wir alle sehen diese Entwicklungen, Herausforderungen und Krisen. Doch wir scheinen in der lähmenden Rhetorik der Alternativlosigkeit gefangen.[2] Wer aber die Notwendigkeit der Zuspitzung als Aufgabe der Verfassungstheorie begreift, wird sich von dieser politischen Apathie einer bleiernen Zeit wissenschaftlich nicht anstecken lassen. Es kommt deshalb (wieder) darauf an, in politischen Alternativen zu denken und das Grundgesetz auch einmal ganz anders zu lesen und zu verstehen. Nur so können wir die sozialen und kommunikativen, die ökonomischen und ökologischen Entwicklungen, Herausforderungen und Krisen theoretisch begreifen, kontrovers diskutieren und praktisch angehen. Nur so lassen sich politische und verfassungsrechtliche Entwicklungsszenarien vorzeichnen und Gestaltungsoptionen entwickeln. Deshalb sind zugespitzte Lektüren des Grundgesetzes letztlich auch interessanter und spannender als dessen landläufiges Verständnis. Sie zeigen uns verfassungsrechtliche Möglichkeiten und Alternativen, und nicht schlicht unsere Grenzen.[3]

Auf den ersten Blick scheint die deutsche Staats- und Verfassungsrechtslehre keine Probleme zu haben, sich in der Verfassungslektüre festzulegen, problemorientiert in Alternativen zu denken und entsprechend zugespitzt zu argumentieren. Das zentrale Beispiel dafür ist der Streit zwischen dem Staats- und dem Verfassungsdenken: Geht der Staat der Verfassung voran und steht die Verfassung damit zur staatspolitischen Disposition? Oder wird die Bundesrepublik durch das Grundgesetz als demokratischer Verfassungsstaat konstituiert? Dezision vs. Integration, Carl Schmitt vs. Rudolf Smend?[4] Doch wir sollten uns nicht täuschen. Diese Polarisierungen sind längst Theoriegeschichte. Das gilt nicht nur für den Weimarer Methoden- und Richtungsstreit, sondern auch für dessen Nachwirkungen in der frühen Bundesrepublik: die Auseinandersetzung um die Normativität des Sozialstaatsgebots[5] und das Verständnis

---

[2] Kritisch *Séville*, Der Sound der Macht, S. 21 ff.

[3] Richtungsweisend *Häberle*, AöR 102 (1977), S. 27 (29 ff.), mit seinem Konzept einer demokratischen Verfassungstheorie als „Möglichkeitsdenken (Pluralistisches Alternativdenken)“.

[4] *Günther*, Denken vom Staat her, S. 112 ff., 212 ff., 285 ff.

[5] *Forsthoff*, VVDStRL 12 (1954), S. 8 ff.

der Grundrechte als objektive Wertordnung,[6] die konservative Abkündigung und zugleich Bewunderung des Staats der Industriegesellschaft,[7] die juristische Psychoanalyse eines „verdrängten Ausnahmezustands"[8] im „Deutschen Herbst" und der Methodenstreit um eine „verfassungsgemäße Verfassungstheorie"[9] bis schließlich zur Auseinandersetzung um den nationalen „Volksvorbehalt" europäischer Integration in der Maastricht-Entscheidung des Bundesverfassungsgerichts.[10] Doch heute lassen sich mit der einstmals zugespitzten Unterscheidung zwischen Staats- und Verfassungsdenken keine theoretischen Diskussionen mehr bestreiten; es sei denn aus wissenschaftlicher Nostalgie für die klassische Bundesrepublik: „Bonn. Atlantis der BRD"[11] und „BRD Noir"[12] lauten die Stichworte für deren ambivalente Beschaulichkeit. Zugleich ist aber auch klar: Die Verabschiedung der Unterscheidung von Staats- und Verfassungsdenken in die Theoriegeschichte heißt nicht, dass diese verfassungstheoretische Zuspitzung vollkommen bedeutungslos würde. Theoriegeschichte ist und bleibt relevant. So entfalten Staats- und Verfassungsdenken nach wie vor eine theoriegeschichtliche Ausstrahlungswirkung, der wir immer wieder theoretisch wie praktisch begegnen.[13] Doch so wenig wir heute die klassische Unterscheidung zwischen Staats- und Verfassungsdenken einfach vergessen dürfen, so wenig können wir schlicht theoretisch zu ihr „zurück". Die neuen theoretischen Zuspitzungen im verfassungsrechtlichen Denken finden gegenwärtig anderswo statt: nicht mehr „zwischen" Staat und Verfassung.

Doch wo stehen wir dann verfassungstheoretisch heute? Versucht man das Öffentliche Recht insgesamt in den Blick zu nehmen, so dominieren seit 1989 vor allem drei Entwicklungen: Erstens hat sich die europäische Verfassungstheorie voll ausdifferenziert.[14] Zweitens wurde und wird viel

---

[6] BVerfGE 7, 198 (205 ff.) [1958] – Lüth.

[7] *Forsthoff*, Der Staat der Industriegesellschaft, S. 158 ff.

[8] *Böckenförde*, NJW 1978, S. 1881 ff.

[9] *Böckenförde*, NJW 1976, S. 2089 (2098); rezipierend *Schlink*, Der Staat 19 (1980), S. 73 (97); kritisch *Möllers*, RW 1 (2010), S. 188; *Morlok*, Was heißt und zu welchem Ende studiert man Verfassungstheorie?, S. 134.

[10] BVerfGE 89, 186 (185 f.) [1993] – Maastricht; zu Recht kritisch *Weiler*, JöR 44 (1996), S. 91 ff.

[11] *Bessing*, Bonn. Atlantis der BRD.

[12] *Felsch/Witzel*, BRD Noir.

[13] *Möllers*, Staat als Argument.

[14] *Häberle/Kotzur*, Europäische Verfassungslehre; *Haltern*, Europarecht I; *ders.*, Europarecht II.

wissenschaftliche Energie in die Verfassungsrechtsvergleichung investiert.[15] Drittens entfalten sich Konzepte der Konstitutionalisierung der Völkerrechtsordnung in der Profilierung eines internationalen Verfassungsrechts.[16] Vor dem Hintergrund der innovativen Schubkraft, die vor allem die europäische und internationale Verfassungstheorie entfalten, stellt sich indes umso mehr die Frage: Wie steht es augenblicklich um die Verfassungstheorie des Grundgesetzes? Selbstverständlich wirkt auch hier der Weimarer Methoden- und Richtungsstreit nach. Seit hundert Jahren eignet sich jede wissenschaftliche Generation dessen theoretische Zuspitzungen des Verhältnisses von Politik und Recht vor dem Hintergrund des Scheiterns der ersten deutschen Demokratie immer wieder neu an,[17] um sich selbst verfassungstheoretisch zu positionieren.[18] Doch auch hier verdeckt die Theoriegeschichte letztlich nur, dass sich die Verfassungstheorie gegenwärtig überwiegend als eine Reflexionsdisziplin der Verfassungsdogmatik versteht.[19] Wenn aber die Verfassungstheorie auf die Verfassungsdogmatik fokussiert, gibt sie ihre Fähigkeit, das Grundgesetz auch einmal ganz anders zu lesen und zu erklären, zwar nicht vollständig, aber doch weitgehend auf: Was ist eigentlich aus dem Alternativkommentar zum Grundgesetz geworden? Und warum stoßen die beiden großen Verfassungslehren, die nach 1989 für ein zugespitztes Verfassungsverständnis werben, in der deutschen Staats- und Verfassungslehre auf eine solche Zurückhaltung? Görg Haverkates *Verfassungslehre* (1992), welche die Verfassung als Gegenseitigkeitsordnung begreift,[20] wird schlicht ignoriert. Uwe Volkmanns *Grundzüge einer Verfassungslehre der Bundesrepublik Deutschland* (2013), die das Grundgesetz als Ordnung sozialer und

---

[15] *Kischel*, Rechtsvergleichung, S. 47 ff., 92 ff.

[16] *Tomuschat*, RdC 281 (1999), S. 1 (23 ff.); *Faßbender*, CJIL15 (2016), S. 489 ff.; zurückhaltend *Haltern*, AöR 128 (2003), S. 511 ff.

[17] *Möllers*, Der Staat 43 (2004), S. 399 (423); *Krüper*, Auf der Suche nach neuer Identität, S. 238 (258).

[18] Beispielsweise *Volkmann*, Der Staat 54 (2015), S. 35 (41 ff., insbesondere 54 ff.).

[19] *Morlok*, Was heißt und zu welchem Ende studiert man Verfassungstheorie?, S. 51 ff.; *Jestaedt*, Die Verfassung hinter der Verfassung, S. 17 ff.; *ders.*, in: Depenheuer/Grabenwarter, Verfassungstheorie, § 1, Rn. 12, 79; pointiert *Roellecke*, ebd., § 2, Rn. 7, für eine Unterscheidung zwischen betroffenen Beobachtern (Dogmatik) und außenstehenden Beobachtern (Theorie), bei der es sich deshalb nicht schlicht um eine „Premium-Dogmatik" handeln soll; kritisch *Volkmann*, Grundzüge einer Verfassungslehre der Bundesrepublik Deutschland, S. 4, 88.

[20] *Haverkate*, Verfassungslehre, insbesondere S. 48 ff.

politischer Gerechtigkeit versteht,[21] sieht sich gerade wegen dieser Zuspitzung harscher Kritik ausgesetzt: Das Buch trage – so polemisch Oliver Lepsius[22] – schon einen falschen Titel. Einer Verfassungstheorie müsse es um die Frage gehen, wie die Organisation der Rechts- und Verfassungsordnung institutionell und kompetenziell beschaffen sein solle, nicht aber um die Kommunikation über die Verfassung, deren allgemeines Sinnverständnis und ihren Anspruch, die politische Gerechtigkeitsordnung einer Gesellschaft zu sein. Wer allerdings die Aufgabe der Verfassungstheorie darin sieht, eine zugespitzte Interpretation des Grundgesetzes zu entfalten, wird diese Polemik kaum nachvollziehen können. Vielmehr wird er die Lektüre der Verfassungstheorie Volkmanns selbst dann uneingeschränkt genießen, wenn er deren Prämissen, Thesen und Folgerungen nicht unbedingt teilt. Demgegenüber sieht Lepsius die Aufgabe einer Verfassungslehre „in der kompetentiellen und kontextuellen Differenzierung normativer Geltungssphären."[23] Doch dieser Vorsatz ist letztlich Ausdruck eines normativen Positivismus, der sich insbesondere durch „Kontextualisierung" mehr theoretische Farbigkeit verspricht. Auch die herrschende Meinung, die heute ein dogmatikakzessorisches Verständnis von Verfassungstheorie pflegt, wird nicht müde, eine umfassende „Kontextualisierung" des Verfassungsrechts einzufordern. „Mehr Kontext!" scheint das rechts- und verfassungstheoretische Motto unserer Zeit zu lauten,[24] um doch nur umso ungestörter dogmatisch weiterarbeiten zu können: irritationsloses *business as usal.*

---

[21] *Volkmann*, Grundzüge einer Verfassungslehre der Bundesrepublik Deutschland, insbesondere S. 5, 41 ff.

[22] *Lepsius*, JZ 2014, S. 192 f.

[23] Ebd. S. 193.

[24] *Lepsius*, JZ 2019, S. 793 ff.; differenzierend *Wahl*, JZ 68 (2013), S. 369 (378): „Zeitgebundene Strömungen oder Kontexte sind bei der Entstehung von Rechtsfiguren von nicht zu unterschätzender Bedeutung. Es wäre aber ein vereinfachtes mechanistisches Denken, wenn man annähme, solche ‚Kontexte' könnten sich im Recht einfach ein Spiegelbild schaffen. Stattdessen vollzieht sich der Übergang von ‚Impulsen' und geistigen Strömungen ins Recht komplizierter, nämlich durch vielfältige Verarbeitungsprozesse, durch Verwandlung und Transformierung von Faktoren außerhalb des Rechtssystems in das Rechtssystem und dessen innerjuristische Kategorien hinein. Nicht weniger komplex ist die Situation beim Verblassen der ursprünglichen Kontexte. Die Folge kann sein, dass auch die Überzeugungskraft der Rechtsfiguren schwindet. Dies muss aber keineswegs so sein, es ist eher unwahrscheinlich."

Der Verfassungstheorie geht es jedoch nicht um die kontextuelle Kolorierung von Verfassungsdogmatik, sondern um pointierte Interpretationen und Erklärungen des Grundgesetzes. Diese These der Notwendigkeit verfassungstheoretischer Zuspitzung soll im Folgenden entfaltet werden. Den Ausgangspunkt bildet eine Analyse des dogmatischen Locked-In-Syndroms, das das handwerkliche Verständnis einer praktischen Verfassungstheorie gegenwärtig prägt (II.). Alternativ dazu können und sollten wir Verfassungen jedoch als eine normative Assemblage aus heterogenen Regelungen und diversen Regelungskomplexen verstehen, die notwendigerweise zugespitzte Lektüren und alternative Erklärungen herausfordern: Wer Verfassungstheorie betreiben möchte, muss sich festlegen. Es gibt keine Verfassungstheorie ohne Eigenschaften (III.). Dies soll auf der Grundlage eines dezidiert liberalen Verständnisses des Grundgesetzes anhand von vier Theoriedimensionen veranschaulicht werden: der Kritik, dem Experiment, dem Streit und der Synthese. Erstens bietet die Verfassungstheorie die Grundlage für Kritik: Wir müssen unser Verfassungsverständnis kritisch zuspitzen, um beispielsweise neue Herausforderungen wie die ökologische Krise anzunehmen. Das Grundgesetz lässt sich insofern zugespitzt als eine Verfassung der Natur verstehen, die auf einen ökologischen Liberalismus setzt, um Klimawandel, Artensterben und Globalvermüllung zu begegnen (IV.). Zweitens eröffnen uns Verfassungstheorien die Möglichkeit, mit verschiedenen Interpretationsansätzen zu experimentieren: Verfassungstheorien müssen in ihren Zuspitzungen auch Risiken eingehen, wie das Beispiel der Ästhetik der Verfassung zeig (V.). Drittens führen Verfassungstheorien notwendigerweise zu Streit: Wir müssen das Grundgesetz als liberale Verfassung in der theoretischen Auseinandersetzung verteidigen, wenn es von antidemokratischen und autoritären Theorien in Frage gestellt wird (VI.). Viertens sollten Verfassungstheorien immer auch nach Synthesen suchen, um den Zeitgeist auf den Punkt zu bringen: So geht es gegenwärtig darum, den sozialen, digitalen und demokratischen Wandel zu einer Gesellschaft der Repräsentationen verfassungstheoretisch zu begleiten (VII.).

II. Handwerk: Dogmatisches Locked-In-Syndrom

Die herrschende Meinung versteht die Verfassungstheorie heute als theoretische Beobachtung und Reflexion der Verfassungsdogmatik. Doch mit dieser Fixierung auf das praktische Verfassungshandwerk bleibt die Verfassungstheorie hinter ihren Möglichkeiten zurück. Wir brauchen eine undogmatische Verfassungstheorie, die uns über pointierte Interpretationen und Erklärungen des Grundgesetzes alternative und neue Verständnisse unserer Verfassungsordnung eröffnet. Die Verfassungstheorie muss sich aus ihrem dogmatischen Locked-In-Syndrom befreien und ihre Eigenständigkeit zurückgewinnen.

1. Dogmatikakzessorische Verfassungstheorie

Das Konzept einer dogmatikakzessorischen Verfassungstheorie wird im Öffentlichen Recht der Bundesrepublik variantenreich vertreten. Doch Matthias Jestaedt bietet die begrifflich dichteste, systematisch geschlossenste, epistemologisch reflektierteste und wissenschaftlich beeindruckendste Konzeptualisierung dieser symbiotischen Kopplung von Verfassungsdogmatik und Verfassungstheorie.[1]

Mit dem Grundgesetz habe sich – so Jestaedt – der Aufstieg der Verfassungsdogmatik von einer geltungsrechtlichen Gebrauchswissenschaft zur juristischen Leitdisziplin vollzogen.[2] Verfassungsdogmatik sei dabei als eine rechtswissenschaftliche Anwendungshilfe für die entscheidungsberufene Rechtspraxis zu verstehen. Sie vermittle den Rechtsanwendern eine mit den verfassungsrechtlichen Vorgaben in Einklang stehende Orientierung in der Rechtserzeugungs- bzw. Rechtsanwendungssituation.

---

[1] *Jestaedt*, in: Depenheuer/Grabenwarter, Verfassungstheorie, § 1; *ders.*, Die Verfassung hinter der Verfassung.

[2] Vgl. hierzu und zum Folgenden *Jestaedt*, in: Depenheuer/Grabenwarter, Verfassungstheorie, § 1, Rn. 7, 10 ff., 20 ff., 28 ff., 39 f., 48, 76 ff.

Diese Ordnungs-, Systematisierungs- und Standardisierungsleistung verfolge die Verfassungsdogmatik mit dem rechtsimmanenten Anspruch, eine Antwort auf die Frage zu geben, wann und wie Verfassungsbestimmungen anzuwenden seien. Die dogmatische Anwendung des positiven Verfassungsrechts löse aber ein Theorie- und Reflexionsdefizit aus. In seiner Anwendungsorientierung sehe sich die Verfassungsdogmatik zu Vereinfachungen und Fraglosstellungen gezwungen. In ihrem Bezug auf das positive Recht fehle der Verfassungsdogmatik deshalb die kritische Distanz, sodass sie sich strukturell affirmativ verhalte.

An diese operative Beschränkung der Verfassungsdogmatik knüpft laut Jestaedt die Verfassungstheorie an: Als akzessorische Grundlagen- und Referenzdisziplin der Verfassungsdogmatik reagiere die Verfassungstheorie auf die dogmatischen Theorie- und Reflexionsdefizite. Sie könne das „Komplexitätsgefälle zwischen Umwelt und System"[3] des Verfassungsrechts, das durch den disziplinären Selektionsfilter der Dogmatik bedingt sei, zwar nicht beseitigen, aber doch abmildern. Dies leiste die Verfassungstheorie, wenn sie ihrer Doppelaufgabe gerecht werde, die Verfassung erstens zu begründen (Kontextualisierung) und zweitens zu bewerten (Kontrastierung). Der Kontrastwert der Verfassungstheorie gegenüber der Verfassungsdogmatik bestehe darin, die normativ-reale, also positivrechtliche Verfassung an einem normativ-idealen oder einem verfassungsvergleichend-idealtypischen Verfassungsverständnis zu messen. Die Kontextualisierung der Verfassung unterbreite Sinnstiftungsangebote für das Verständnis der geltenden Verfassungsordnung. Diese sinnstiftende Aufgabe erfülle die „Lehre von den Bewegungsgesetzen der Verfassung"[4], die eine Sinneinheit bzw. ein Sinnganzes aus den positivrechtlichen Teilen der Verfassung konstruiere. Verfassungstheorie „formt die Sinn-Einheit über der Vielheit der positivrechtlichen Normen, stellt für die Verfassungsnormen einen – diese notwendigerweise transzendierenden – Verständnishorizont bereit und verleiht der in der Verfassung schlummernden Entelechie ihre Stimme. Verfassungstheorie geht aufs Ganze und Verbindende, auf das alles Durchdringende und Steuernde, das Bewegungsgesetz jenseits der positivierten Steuerungstechnik des Verfassungsgesetzes im eigentlichen Sinne. Sie ist insofern holistisch an-

---

[3] Ebd., Rn. 28, mit zitatförmigem Verweis auf *Luhmann*, Soziale Systeme, S. 253.

[4] Ebd., Rn. 33.

gelegt. Verfassungstheorie ist der Ort, an dem die für die Verfassungsrechtswissenschaft insgesamt unentbehrlichen ‚großen Erzählungen', die leitenden kollektiven Deutungsmuster, geformt und verbreitet werden."[5] Dieses verfassungstheoretische Räsonnement diene der „ikonographischen Entschlüsselung der positivrechtlichen Verfassungsbestimmungen."[6] Verfassungstheoretisches Denken sei dabei weit mehr und weit legitimer als die Verfassungsdogmatik teleologisch geprägt: „Auf dem Boden der Verfassungstheorie können sich der teleologischem Denken eigene Stringenz-, Konsistenz- und Konsequenzzwang in voller Reinheit und Klarheit entfalten – und dies ganz ungehindert und unverfälscht durch die das positive Recht als Menschenwerk kennzeichnenden Widersprüche und Lücken, sachfremden Kompromisse und systemfremden Vermengungen, die allesamt von der dem positiven Recht strikt akzessorischen (Verfassungs-)Dogmatik nolens volens berücksichtigt und getreulich abgebildet werden müssen."[7]

Auf dieser Grundlage unterscheidet Jestaedt die „Verfassung der Dogmatik und die Verfassung der Theorie"[8]: Die „Verfassung der Dogmatik" sei die positivrechtliche Verfassung, die „für sich genommen keine Norm, sondern eine Abbreviatur für ein Ensemble mehr oder minder inhaltlich heterogener Verfassungsnormen"[9] darstelle. An dieses heterogene Ensemble von positivrechtlichen Verfassungsteilen knüpfe die „Verfassung der Theorie" an, der es um das „Ganze ‚hinter' den Teilen, um die Verfassung ‚hinter' den Verfassungsnormen [geht], um die – verfassungstheoretisch thematisierbare – ratio ordinationis ‚hinter' der – verfassungsdogmatisch erfassbaren – ordinatio rationis. Für sie markiert ‚die Verfassung' eine substanzielle Entität."[10] Oder in einer anderen Formulierung: Die Verfassungstheorie ziele „auf die Verfassung ‚hinter' der Verfassung, d.h. die stringente und konsistente Ordnungsidee der normativ-virtuellen Verfassung als Verständnis- und Erklärungsfolie für das lediglich mehr oder minder stringente und konsistente Ensemble positivverfassungs-

[5] Ebd., Rn. 34.
[6] Ebd., Rn. 34.
[7] Ebd., Rn. 35.
[8] Ebd., Rn. 39.
[9] Ebd., Rn. 40, mit distanzierendem Verweis auf *Schmitt*, Verfassungslehre, S. 10; vgl. unten S. 45.
[10] Ebd., Rn. 41 (Klammerzusatz durch den Verfasser).

rechtlicher Regelungen, welche die normativ-reale Verfassung bilden."[11] Dieser „Verfassung der Theorie" entspreche zwar keine positivrechtliche Realität, da die Verfassungstheorie nicht an den Grenzen des positiven Rechts halt machen müsse. Gleichwohl stelle die „Verfassung der Theorie" „die – zwar normative, aber gleichwohl metapositive – ‚Superstruktur' oder auch ‚Sinnreferenz' der positivrechtlichen Verfassung(snormen) dar. Verfassung im Sinne (der Zielgröße) der Verfassungstheorie ist die Suprastruktur, die sich in den positivrechtlichen Verfassungsbestimmungen erkennen lässt und aus der heraus diese zu verstehen sind."[12] Es lasse sich von der „Verfassung der Theorie" als „der – notabene: metapositiven – ‚Wertordnung' sprechen."[13]

2. Vier Fragen und vier Alternativen

So systematisch, reflektiert und brillant sich Jestaedts Konzeptualisierung einer dogmatikakzessorischen Verfassungstheorie auch liest: Die asymmetrisch-symbiotische Fixierung der Verfassungstheorie auf die Verfassungsdogmatik wirft vier Fragen auf: die Erkenntnis-, Kopplungs-, Normativitäts- und Interdisziplinaritätsfrage. Die Beantwortung dieser vier Fragen erlaubt es, ein alternatives Verständnis von Verfassungstheorie und damit zugleich auch von Verfassungsdogmatik zu formulieren: Verfassungstheorie spitzt die Interpretation der heterogenen Normen und diversen Normkomplexe des Grundgesetzes zu. Eine theoretisch zugespitzte Lektüre und Erklärung des Grundgesetzes kann die Verfassungspraxis prägen, muss dies aber nicht. Wenn eine verfassungstheoretische Zuspitzung die Verfassungspraxis im Einzelfall bestimmt, lässt sich diese Verfassungspraxis in einer verfassungsdogmatischen Regel verallgemeinern, um in vergleichbaren Fällen die Verfassungsanwendung handwerklich zu erleichtern. Verfassungstheorie ist also nicht unvermittelt dogmatikakzessorisch, sondern Verfassungsdogmatik mittelbar theorieakzessorisch.

[11] Ebd., Rn. 77.
[12] Ebd., Rn. 41.
[13] Ebd., Rn. 41.

a) Erkenntnis

Die Erkenntnisfrage lautet: Um wie viele Verfassungen geht es eigentlich? Geht es um das Grundgesetz als eine Verfassung, für die sich Verfassungstheorien, Verfassungspraxen und Verfassungsdogmatiken entwickeln? Oder sind mehrere Verfassungen im Spiel: eine „Verfassung der Dogmatik" und eine „Verfassung der Theorie"?

Jestaedt optiert für die Unterscheidung zwischen mehreren Verfassungen: einer „Verfassung der Dogmatik" und einer „Verfassung der Theorie". Die Herausforderung dieses erkenntnistheoretischen Ansatzes liegt darin, dass sich die Verfassungsbegriffe sowohl auf der verfassungstheoretischen als auch auf der verfassungsdogmatischen Ebene multiplizieren, weil auf beiden Ebenen wiederum sehr unterschiedliche Begriffe, Methoden und Konzepte für die Erkenntnis der Verfassung genutzt werden. Dies gilt insbesondere auch für die verfassungsdogmatische Ebene, also für die „geltungsrechtliche Gebrauchstheorie"[14], die vermittelt, wann, wo und wie eine verfassungsrechtliche Regelung anzuwenden ist. Denn auch in der Verfassungsdogmatik gibt es keineswegs die eine feststehende „Handwerksregel" für jede einzelne verfassungsrechtliche Norm, sondern ebenfalls eine ganze Bandbreite von Begriffs-, Methoden- und Konzeptangeboten. Jestaedt versucht, diese begriffliche, methodologische und konzeptionelle Bandbreite der Verfassungsdogmatik durch zwei Kriterien einzuengen, um damit zugleich deren Verhältnis zur Verfassungstheorie näher zu bestimmen: Zum einen unterstreicht er, dass eine subjektiv-historische Auslegung der „Verfassung der Dogmatik" der teleologisch profilierten „Verfassung der Theorie" eine größere Bedeutung einräumt, während eine Verfassungsdogmatik, die sich auch teleologisch entfaltet, den Stellenwert der Verfassungstheorie nivelliert.[15] Eine subjektiv-historische Auslegung der Verfassung engt also zugleich die mögliche Bandbreite dogmatischer Begriffe, Methoden und Konzepte der Verfassungsdogmatik ein, sodass einer teleologisch und holistisch argumentierenden Verfassungstheorie eine größere Bedeutung zugemessen werden kann. Zum anderen führt Jestaedt einen verfassungsdogmatischen „Positivierungsnachweis"[16] ein: Verfassungsdogmatische Figuren sollen nur dann

[14] Ebd., Rn. 49.
[15] Ebd., Rn. 61.
[16] Ebd., Rn. 58.

Bestand haben, „wenn und soweit sie sich als unverfälschte Darstellungsweise positivrechtlicher Normphänomene ausweisen lassen."[17] Doch es ist fraglich, ob sich mit diesen beiden Kriterien die verfassungsdogmatische Erkenntnisvielfalt wirklich einengt: Man muss die subjektiv-historische Verfassungsauslegung keineswegs verfassungsdogmatisch favorisieren. Ja, in dogmatischer und damit geltungsrechtlicher Perspektive scheint dies umso weniger angezeigt, als sich Gesetzgeber, Verwaltungen und Gerichte in der Verfassungspraxis keineswegs auf die subjektiv-historische Auslegung festlegen (lassen), sondern – ganz im Gegenteil – die Regelungen des Grundgesetzes teleologisch auslegen. Dies wirft aber unmittelbar die Frage auf, ob die Favorisierung der subjektiv-historischen Auslegung überhaupt eine verfassungsdogmatische oder nicht vielmehr eine verfassungstheoretische Grundentscheidung darstellt. Jestaedt steht mit seiner Forderung nach einer stärker subjektiv-historischen Verfassungsauslegung vor dem Problem, dass er eine geltungsrechtliche Verfassungsdogmatik begründen möchte, die jedenfalls (aktuell) nicht die Verfassungspraxis bestimmt, also gerade nicht „gilt". Darüber hinaus lässt auch der „Positivierungsnachweis", den Begriffe, Methoden und Konzepte nach der Auffassung von Jestaedt erbringen müssen, um als Verfassungsdogmatik gelten zu können, genug Raum für eine ganze Reihe von verfassungsdogmatischen Ansätzen und Zugriffen, die allesamt einen Positivierungsnachweis vollkommen problemlos erbringen. Dies wird erst recht deutlich, wenn man die institutionelle Perspektive hinzunimmt: Zwar ist die zentrale Rolle unbestreitbar, die das Bundesverfassungsgericht für die Konturierung der Verfassungsrechtsdogmatik in der Bundesrepublik einnimmt. Doch von einem „Bundesverfassungsgerichtspositivismus"[18] kann keine Rede sein. Selbst dem Bundesverfassungsgericht gelingt es nicht, den verfassungsdogmatischen Diskurs zu monopolisieren und damit zu einer prägnanten Kontur der Verfassungsdogmatik beizutragen. Die verfassungsdogmatische Einbindung des Bundesverfassungsgerichts in den europäischen Verfassungsgerichtsverbund,[19] die verfassungsrechtlichen Sonderdogmatiken anderer oberster Bundesgerichte, die Vielfalt verfassungsdogmatischer Begriffe, Methoden und Konzepte in gerichtlichen Instanzenzügen, Behördenhierarchien und – natürlich – die kaum

[17] Ebd., Rn. 58.

[18] *Schlink*, Der Staat 28 (1989), S. 161 (164, 168); vgl. ferner *ders.*, Der Staat 19 (1980), S. 73 (107); *ders.*, JZ 2007, S. 157 (162).

[19] *Voßkuhle*, NVwZ 2010, S. 1 ff.

zu überblickende Zahl wissenschaftlicher Verfassungsdogmatiken zeigen, dass es nicht *die* Verfassungsdogmatik, sondern „nur" Verfassungsdogmatiken gibt. Wenn man also einen letztlich gegenstandskonstituierenden Erkenntnisansatz wählt, multiplizieren sich aufgrund des begrifflichen, methodischen und konzeptionellen Pluralismus die Verfassungen nicht nur auf der verfassungstheoretischen, sondern auch auf der verfassungsdogmatischen Ebene. Deshalb fällt diesem Erkenntnisansatz, der die Verfassungen vervielfacht, die Beantwortung der Frage gar nicht so leicht, von welchen Verfassungen überhaupt die Rede ist, wenn er vom Grundgesetz spricht: Verschwindet das Grundgesetz somit nicht letztlich hinter der Unterscheidung zwischen der „Verfassung der Dogmatik" und der „Verfassung der Theorie"?

Ein alternatives Verständnis zu diesen erkenntnistheoretischen Multiplikationen von dogmatischen und theoretischen Verfassungen lässt sich damit aber auch klar formulieren. Es gibt „nur" eine Verfassung: das Grundgesetz. Eine Verfassungstheorie ist eine zugespitzte Interpretation und Erklärung (einzelner Regelungen) des Textes des Grundgesetzes im Spannungsverhältnis von Norm und Wirklichkeit. Die Verfassungstheorie steht daher – so geschickt, ja suggestiv dieses Bild auch sein mag – nicht „hinter", neben, über oder unter dem Grundgesetz. Vielmehr entfaltet sie sich *in* der Interpretation und der Erklärung der verfassungsrechtlichen Regelungen und Normkomplexe. Da das Grundgesetz sehr unterschiedlich interpretiert und erklärt werden kann, entwickeln sich unterschiedliche Verfassungstheorien. Soweit solche zugespitzten Interpretationen und Erklärungen die Auslegung und Anwendung der Verfassung durch die Legislative, Exekutive oder Judikative im Einzelfall bestimmen, bildet sich eine Verfassungspraxis. Erst dann ist es die Aufgabe der Verfassungsdogmatik, diese Verfassungspraxis begrifflich zu verallgemeinern, um die so gewonnenen dogmatischen Regeln gegebenenfalls auf andere Fälle übertragen zu können.[20]

---

[20] *Hoffmann-Riem*, Der Staat-Beiheft 21 (2013), S. 347 (365); weiterführend *Bumke*, JZ 2014, S. 641 ff.; *ders.*, Rechtsdogmatik, S. 1 ff., 44 ff.

b) Kopplung

Die Kopplungsfrage lautet: Wie sind Verfassungstheorie und Verfassungsdogmatik miteinander verbunden?

Soweit man mit Jestaedt von einer „Verfassung der Dogmatik“ und einer „Verfassung der Theorie“ ausgeht, kann deren Kopplung nicht auf der erkenntnistheoretischen, sondern allein auf der normativen bzw. (be)wertenden Ebene erfolgen: Die „Verfassung der Dogmatik“ ist die real-rechtliche Verfassung und die „Verfassung der Theorie“ die ideal-normative Verfassung. Die real-rechtliche Verfassung wird von Jestaedt als ein zufälliges Normenensemble beschrieben, als ein normatives Stück- und Kompromisswerk. Deshalb muss die „Verfassung der Theorie“, die bei Jestaedt als ein ideales, teleologisches, sinnstiftendes, konsequentes und holistisches Ganzes erstrahlt, der geltenden Verfassung als einem juristischen „Mängelwesen“ ideell und normativ zu Hilfe kommen,[21] indem sie die geltende Verfassung rechtfertigt und bewertet. Die „Verfassung der Theorie“ vermittelt der „Verfassung der Dogmatik“ ihren Sinn. Sie eröffnet ihr die Kontexte. Dies alles kann umso kontrastreicher geschehen, je mehr sich das dogmatische Verständnis der geltenden Verfassung auf eine subjektiv-historische Interpretation und Erklärung deren normativen Stück- und Kompromisswerks beschränkt, während das teleologische und holistische Verfassungsdenken der Verfassungstheorie vorbehalten ist.[22] Doch auch mit Blick auf diese kontrastreiche Kopplung von Verfassungstheorie und Verfassungsdogmatik drängen sich Rückfragen auf: Wenn die „Verfassung der Dogmatik“ ein Ensemble von Verfassungsnormen bildet, müsste die Verfassungstheorie dann nicht gerade deren „Unvollkommenheit“ reflektieren, anstatt deren vermeintlichen Mängeln mittels des normativ-idealen „Über-Ichs“ der „Verfassung der Theorie“ abhelfen zu wollen? Auch das Motiv des „Dahinter“, das in der „Verfassung hinter der Verfassung“ zum Ausdruck kommt, ist literarisch bekannt. Die Welt hinter der Welt und auch die Welt hinter den Spiegeln, die nur den öden (dogmatischen) Alltag reflektieren, sind immer ungebundener, idealer und vollkommener. Jestaedt selbst kleidet die Verfassungstheorie in die Metapher des „Fensters“, das „im geschlossenen Gebäude der Verfassungs-

---

[21] *Jestaedt*, in: Depenheuer/Grabenwarter, Verfassungstheorie, § 1, Rn. 48.
[22] Vgl. oben S. 23.

dogmatik neben dem Blick von innen nach außen auch einen Blick von außen nach innen“[23] eröffnet.

Ein alternatives Verständnis zu dieser symbiotisch-asymmetrischen Kontrastierung von Verfassungstheorie und Verfassungsdogmatik sieht die Aufgabe von Verfassungstheorien darin, das Grundgesetz zugespitzt zu lesen und zu erklären. Diese verfassungstheoretischen Interpretationen und Erklärungen lassen sich auf das normative Ensemble der Verfassung aus heterogenen Regelungen und diversen Regelungskomplexen ein. Dabei begreifen sie dessen „Unvollständigkeit“ oder „Unvollkommenheit“ nicht als Mangel, der an einem normativ-holistischen Verfassungsideal zu messen oder gar zu kompensieren wäre. Das Grundgesetz ist vielmehr eine Assemblage aus Präambel, Grundrechten, Verfassungsgütern, Verfassungsprinzipien, Staatsorganisationsrecht und Übergangsvorschriften.[24] Deshalb treibt nicht die Vorstellung einer teleologischen, sinnstiftenden, konsequenten und holistischen Idealverfassung die Verfassungstheorie an. Vielmehr provoziert – ganz im Gegenteil – der collage- bzw. montageartige Charakter des Grundgesetzes theoretisch zugespitzte Interpretationen und Erklärungen der Verfassung. Er fordert alternative Verfassungstheorien geradezu heraus. Nur soweit eine solche Verfassungstheorie im Einzelfall die Verfassungspraxis bestimmt, lässt sich diese wiederum in verfassungsdogmatische Regeln fassen.[25] Deshalb sind Verfassungstheorie und Verfassungsdogmatik nicht unmittelbar, sondern nur mittelbar über die Verfassungspraxis miteinander „gekoppelt“.[26] Eine Verfassungstheorie kann sich über die Verfassungspraxis in einer Verfassungsdogmatik niederschlagen, muss es aber nicht. Es gibt auch Verfassungstheorien, die keine Verfassungspraxis entwickeln. Infolgedessen resultieren sie auch nicht in einer Verfassungsdogmatik. Ob aber eine Verfassungstheorie die Verfassungspraxis prägt und sich in eine entsprechende Verfassungsdogmatik ausdifferenziert, ist kein theoretisches Qualitätskriterium. Und umgekehrt gilt: Eine Verfassungsdogmatik ist stets das Resultat einer theoretisch zugespitzten Interpretation und Erklärung der Verfassung. Rechnet man die nur mittelbare Kopplung von Verfassungstheorie und Verfassungsdogmatik über die Verfassungspraxis ein, so lässt sich zuge-

---

[23] *Jestaedt*, in: Depenheuer/Grabenwarter, Verfassungstheorie, § 1, Rn. 52.

[24] Vgl. unten S. 38 ff.

[25] Vgl. oben S. 25.

[26] *Lindner*, Rechtswissenschaft als Metaphysik, S. 1 ff., zur anderenfalls bestehenden „metaphysischen Versuchung der Rechtswissenschaft“.

spitzt formulieren: Die Verfassungsdogmatik ist stets theorieakzessorisch, Verfassungstheorie aber nicht dogmatikakzessorisch.

c) Normativität

Die Normativitätsfrage lautet: Welche Normativität entfalten Verfassungstheorie und Verfassungsdogmatik?

Der Streit um den normativen Stellenwert von Verfassungstheorie und Verfassungsdogmatik gehört zum tradierten Problembestand der deutschen Staats- und Verfassungsrechtslehre. So hat in den äußerst kontrovers geführten Theoriedebatten der 1970er und 1980er Jahre Ernst-Wolfgang Böckenförde mit seinem Plädoyer für die Erarbeitung und Ausformung einer „verfassungsgemäßen Verfassungstheorie“[27] versucht, verfassungsrechtliche Geltung für seine verfassungsdogmatische Verfassungstheorie zu borgen. Im gleichen Zug hat sodann auch Martin Morlok die normative Dimension der Verfassungstheorie unterstrichen.[28] Heute sieht Uwe Volkmann in der Verfassungstheorie eine „Art Hintergrund-Recht“[29] und hat es sich auf diese Weise in der Normativität der Verfassung theoretisch bequem gemacht. Im Vergleich dazu verwendet Jestaedt für die normative Charakterisierung des Verhältnisses von Verfassungstheorie und Verfassungsdogmatik eine dialektische Formulierung: „Während der Modus der Verfassungsdogmatik der normative Realis ist, ist jener der Verfassungstheorie der normative Potentialis.“[30] Der normative Realis der „Verfassung der Dogmatik“ und der normative Potentialis der „Verfassung der Theorie“ sind – ganz entsprechend der symbiotischen Kopplung von Verfassungsdogmatik und Verfassungstheorie – jedoch aufeinander bezogen; noch einmal Jestaedt: „In ihrer Funktion als verfassungsbezogenes Vorverständnis ist Verfassungstheorie für das juridische Verständnis von Verfassung und als Voraussetzung für jedwede verfassungsdogmatische Operation – unbeschadet des Umstandes, ob im Einzelnen reflektiert oder nicht – unvermeidlich, aber mangels Positivierung eben auch

---

[27] *Böckenförde*, NJW 1976, S. 2089 (2098); vgl. hierzu bereits oben S. 15.

[28] *Morlok*, Was heißt und zu welchem Ende studiert man Verfassungstheorie?, S. 54.

[29] *Volkmann*, Der Staat 54 (2015), S. 35 (61); vgl. ferner *ders.*, Grundzüge einer Verfassungslehre der Bundesrepublik Deutschland, S. 4 f., 90, 148, 153.

[30] *Jestaedt*, in: Depenheuer/Grabenwarter, Verfassungstheorie, § 1, Rn. 58.

rechtlich unverbindlich. In dieser Doppelcharakteristik der Verfassungstheorie – Unverzichtbarkeit bei gleichzeitiger Unverbindlichkeit für den verfassungsdogmatischen Diskurs – findet die Symbiose mit der Verfassungsdogmatik ihren intradisziplinären Ausdruck."[31] Für sich genommen entwickelt also eine Verfassungstheorie auch bei Jestaedt keine Normativität. Dies kommt auch in Jestaedts Relativierung von Böckenfördes Überlegungen zu einer „verfassungsgemäßen Verfassungstheorie" zum Ausdruck: Jestaedt möchte sie im Sinne einer theorieimmanenten Falsifizierbarkeit ernst genommen sehen; „verfassungs*rangig* – und das ist ja die intendierte Pointe – wird sie deshalb aber nicht."[32] Doch dies scheint sich im symbiotischen Verhältnis von Verfassungsdogmatik und Verfassungstheorie zu ändern: Für den normativen Realis der Verfassungsdogmatik ist der normative Potentialis der Verfassungstheorie unverzichtbar, für den normativen Potentialis der Verfassungstheorie der normative Realis der Verfassungsdogmatik. Was dies für die Frage der Normativität von Verfassungstheorie im Ergebnis bedeutet, hängt davon ab, wie die Begriffe des „Modus" und der „Symbiose" in den vorstehenden Zitaten letztlich zu verstehen sind: Realisiert sich der normative Potentialis der „Verfassung der Theorie" ([in]direkt) in dem normativen Realis der „Verfassung der Dogmatik", weil der normative Realis der „Verfassung der Dogmatik" nicht auf den normativen Potentialis der „Verfassung der Theorie" verzichten kann? Und käme dann nicht sowohl der Verfassungstheorie als auch der Verfassungsdogmatik ein normativer Stellenwert zu?

Ein alternatives Verständnis zu einer normativen Aufladung von Verfassungstheorie und Verfassungsdogmatik folgt dem Grundsatz: Nur Verfassungsnormen entfalten Normativität, nicht aber Verfassungstheorie und Verfassungsdogmatik.[33] Verfassungstheorien liefern zugespitzte Interpretationen und Erklärungen von Verfassungsnormen, und Verfassungsdogmatiken fassen Verfassungspraxen in verallgemeinerbare Regeln. Doch sowohl die Verfassungstheorien als auch die Verfassungsdogmatiken erfüllen ihre jeweilige Funktion, ohne dabei selbst irgendeine Form von Normativität zu entfalten. Legislative, Exekutive und Judikative sind im demokratischen Verfassungsstaat des Grundgesetzes an die Verfassung und an die Gesetze (Art. 1 Abs. 3, Art. 20 Abs. 3, Art. 97 Abs. 1 GG), nicht aber an Verfassungstheorien und Verfassungsdog-

---

[31] Ebd., Rn. 79.
[32] Ebd., Rn. 67 (Hervorhebung im Original).
[33] *Sauer*, Der Staat 58 (2019), S. 7 (9).

matiken gebunden.[34] Diese klare geltungstheoretische Differenzierung zwischen Verfassungsnormen einerseits und Verfassungstheorien und Verfassungsdogmatiken andererseits bedeutet nicht, dass man in den Entscheidungen von Legislative, Exekutive und Judikative nicht verfassungstheoretische Zuspitzungen oder verfassungsdogmatische Verallgemeinerungen entdecken könnte. Auch die drei Gewalten müssen die Verfassung verfassungstheoretisch notwendig zuspitzen und sollten zumindest bestehende Verfassungspraxen dogmatisch reflektieren, wenn sie Verfassungsnormen anwenden. Doch dadurch gewinnen Verfassungstheorien und Verfassungsdogmatiken keinerlei Normativität. Schon bei der nächsten Anwendung der demokratischen Verfassung kann alles anders sein oder muss jedenfalls alles anders sein können. Im demokratischen Verfassungsstaat entfalten nur rechtliche Regelungen, nicht aber verfassungstheoretische Reflexionen oder verfassungsdogmatische Handwerksregeln Normativität.

d) Interdisziplinarität

Die Interdisziplinaritätsfrage lautet: Wie interdisziplinär kann, darf und soll die Verfassungstheorie arbeiten?

Ein dogmatikakzessorisches Verständnis von Verfassungstheorie trifft für die Beantwortung der Interdisziplinaritätsfrage die klare Vorentscheidung zugunsten des Juristenmonopols: Wenn die Verfassungstheorie von der Verfassungsdogmatik her konturiert wird, müssen Verfassungstheoretiker/innen immer auch etwas von Verfassungsdogmatik verstehen. „Verfassungstheoretiker hierzulande" – so formuliert es Jestaedt – „sind (nahezu) ausnahmslos auch als Verfassungsdogmatiker tätig; verfassungstheoretische Überlegungen finden sich zumeist in einer nachgerade symbiotischen Verbindung mit verfassungsdogmatischen."[35] Soweit sich die Verfassungstheorie nicht unmittelbar auf die Verfassungsdogmatik beziehen sollte, sieht Jestaedt sie in der „Rolle einer fachjuristisch informierten und imprägnierten Verfassungskunde [...] von Juristen *auch* für Nicht-Juristen."[36] Auf der disziplinären Grundlage dieses Juristenmonopols wirbt

---

[34] *Voßkuhle*, Der Staat-Beiheft 21 (2013), S. 371 ff.

[35] *Jestaedt*, in: Depenheuer/Grabenwarter, Verfassungstheorie, § 1, Rn. 12.

[36] Ebd., Rn. 52 (Hervorhebung im Original; Klammerzusatz durch den Verfasser).

Jestaedt für eine intra- und interdisziplinäre Offenheit der Verfassungstheorie: intradisziplinär etwa zur Allgemeinen Staatslehre, Verfassungsgeschichte, Verfassungskomparatistik, Rechts- und Staatsphilosophie; interdisziplinär beispielsweise zur Soziologie, Wirtschafts- und Politikwissenschaft, Psychologie und insbesondere Politischen Theorie. Insoweit sieht sich die dogmatikakzessorische Verfassungstheorie geradezu in den Dienst der Interdisziplinarität gestellt, wenn sie als „‚unselbständige' Brückendisziplin"[37] zwischen Verfassungsdogmatik und Nachbardisziplinen positioniert wird, deren Erkenntnisse dazu dienen, in „fremddisziplinären Kontexten – allen voran: in verfassungsdogmatischen Kontexten"[38] – verwendet zu werden. Der Verfassungstheorie soll die Funktion einer „Rezeptions- und Transformationsdisziplin"[39] für nachbardisziplinäre Erkenntnisse zukommen, um diese in der Verfassungsdogmatik verwenden zu können. In dieser interdisziplinären Profilierung seines Verständnisses von Verfassungstheorie sieht Jestaedt eine Berührung mit Hermann Hellers Konzept einer kultur-, wirklichkeits- und strukturwissenschaftlich ausgerichteten Staatslehre.[40] Zugleich besteht Jestaedt aber auch darauf, dass die Verfassungstheorie nicht „zu einem bloßen Sammelsurium dogmatikfremder Perspektiven"[41] herabsinken dürfe, die „nicht mehr als ein ungeordnetes, in seiner Brauchbarkeit für und in seiner Anschlussfähigkeit an die Verfassungsdogmatik zweifelhaftes Sammelsurium heterogener Einzeldaten und unverdauter Lesefrüchte in einem verfassungswissenschaftlichen Kauderwelsch"[42] ist. Im Gegensatz dazu soll der Mehr- und Eigenwert der Verfassungstheorie in einer „Integrationswissenschaft"[43] liegen, die sich einem „Schnittstellenmanagement für die Verfassungsdogmatik"[44] verpflichtet sieht. Dieses Schnittstellenmanagement soll nach „außen" offen für die Rezeption von verfassungsbezogenen Wirklichkeitskonstruktionen nachbarwissenschaftlicher Disziplinen sein und nach „innen" eine Sichtung und Aufbereitung der nachbarwissenschaftlichen Erkenntnisse nach den Bedürfnissen der Verfassungsdogmatik vornehmen. Diesen Transformationsprozess könne man „als ‚normative

---

[37] Ebd., Rn. 48.
[38] Ebd., Rn. 48.
[39] Ebd., Rn. 49.
[40] Ebd., Rn. 49, mit Verweis auf *Heller*, Staatslehre, S. 37 ff.
[41] Ebd., Rn. 50.
[42] Ebd., Rn. 50.
[43] Ebd., Rn. 50, mit Verweis auf *Schuppert*, „Theorizing Europe", S. 3 ff.
[44] Ebd., Rn. 50.

Zurichtung' oder auch als Übersetzung in die ‚Sprache' juridischer Normativität, in das ‚Sprachspiel' der Verfassungsdogmatik bezeichnen."[45]

Ein alternatives Verständnis von verfassungstheoretischer Interdisziplinarität ergibt sich quasi automatisch, wenn man nicht vom Konzept einer dogmatikakzessorischen Verfassungstheorie, sondern einer theorieakzessorischen Verfassungsdogmatik ausgeht. Wenn Verfassungstheorie und Verfassungsdogmatik nicht unmittelbar symbiotisch, sondern nur mittelbar über die Verfassungspraxis miteinander gekoppelt sind, muss auch eine interdisziplinär arbeitende Verfassungstheorie nicht ständig mit Rücksicht auf die Verfassungsdogmatik argumentieren. Dies bedeutet zunächst, dass die Verfassungstheorie nicht allein Sache von Juristinnen und Juristen ist, sondern alle wissenschaftlichen Disziplinen, die an einer zugespitzten Lektüre der Verfassung interessiert sind, Verfassungstheorie betreiben. Dies gilt für die Politikwissenschaft, wenn sie Verfassungen in den Blick nimmt: von Max Weber[46] über Wilhelm Hennis[47] bis Andreas Anter,[48] um nur eine politikwissenschaftliche Denkrichtung in der Verfassungstheorie zu nennen, die gerade auch juristisch sehr einflussreich ist. Dies gilt ebenfalls für die Sozialwissenschaften, wenn man an Ralf Dahrendorf,[49] Niklas Luhmann[50] und Fritz Scharpf[51] denkt. Und trifft ebenfalls für die Sozialphilosophie und Politische Theorie zu, wofür wiederum nur beispielhaft die normative Wende der Frankfurter Schule genannt werden soll, die mit Jürgen Habermas, Axel Honneth, Christoph Menke oder Juliane Rebentisch verfassungstheoretische Beiträge zum Verständnis des demokratischen Rechtsstaats,[52] zur europäischen Inte-

---

[45] Ebd., Rn. 50.

[46] *M. Weber*, Parlament und Regierung im neugeordneten Deutschland, S. 306 ff.; *ders.*, Deutschlands künftige Staatsform, S. 448 ff.; *ders.*, Politik als Beruf, S. 505 ff.

[47] *Hennis*, Regieren im modernen Staat; *ders.*, Auf dem Weg in den Parteienstaat.

[48] *Anter*, Die Macht der Ordnung; *ders.*, Max Weber und die Staatsrechtslehre.

[49] *Dahrendorf*, Gesellschaft und Demokratie in Deutschland; *ders.*, Betrachtungen über die Revolution in Europa; *ders.*, Auf der Suche nach einer neuen Ordnung.

[50] *Luhmann*, Grundrechte als Institution; *ders.*, Politische Soziologie; *ders.*, Politische Theorie im Wohlfahrtsstaat; *ders.*, Zur Funktion der „subjektiven Rechte", S. 360 ff.

[51] *Scharpf*, Demokratietheorie zwischen Utopie und Anpassung; *ders.*, Optionen des Föderalismus in Deutschland und Europa.

[52] *Habermas*, Über den internen Zusammenhang von Rechtsstaat und Demokratie, S. 293 ff.; *ders.*, Faktizität und Geltung.

gration[53] und demokratischer Sittlichkeit[54] sowie zu Fragen der subjektiven Rechte[55] und der demokratischen Repräsentation[56] vorgelegt haben. Diese Aufzählung ließe sich – wiederum nur beispielhaft – mit Verweis auf die Institutionenökonomie oder die Gender Studies – fortsetzen und käme doch immer wieder nur zum gleichen Punkt zurück: Warum soll es sich bei den genannten und vielen weiteren Beiträgen nicht um Verfassungstheorie handeln? Warum sind sie nur sogenannte „Nachbarwissenschaften"? Für die dogmatikakzessorische Verfassungstheorie ergibt sich die Antwort auf diese Frage aus der symbiotischen Beziehung von Verfassungstheorie und Verfassungsdogmatik, die indes zugunsten der Verfassungsdogmatik und zulasten der Verfassungstheorie asymmetriert ist. Doch dies überzeugt schon nicht mit Blick auf Max Weber, Wilhelm Hennis, Niklas Luhmann oder Fritz Scharpf, die als „entlaufene" Juristen durchaus etwas von Rechtsdogmatik verstehen, was in ihren verfassungstheoretischen Schriften auch sehr deutlich zum Ausdruck kommt.

Damit wird vor allem eines deutlich: Es geht dem dogmatikakzessorischen Verständnis um die Deutungshoheit in der Verfassungstheorie. Ja, es muss diesem Ansatz auch um juristische Definitionshoheit gehen, weil er Verfassungstheorie und Verfassungsdogmatik nicht nur wissenschaftlich, sondern letztlich auch normativ kurzschließt. Deshalb wird die Verfassungstheorie als rein juristisches Reservat in Abgrenzung zu ihren „Nachbarwissenschaften" so hart verteidigt. Deshalb kommt es in der Verfassungstheorie auch nicht zu einem interdisziplinären Austausch zwischen den Disziplinen. Hier sollen ausschließlich Juristinnen und Juristen für sich allein interdisziplinär arbeiten. Als disziplinäre „Schnittstellenmanager" achten sie auf juristische Ordnung, indem sie jedes dogmatikfremde und damit zweifelhafte „Sammelsurium" vermeiden, auf dogmatische Brauchbarkeit und Anschlussfähigkeit achten, „unverdaute Lesefrüchte" ausscheiden, sich „verfassungswissenschaftlichen Kauderwelsch" verbieten, nachbarwissenschaftliche Konzepte „normativ zurichten" und in das verfassungsdogmatische „Sprachspiel" übersetzen, um so die Verfassungstheorie als eine rein juristische „Integrationswissenschaft" zu sichern. Insofern kann man sich – so Verena Frick – „des Eindrucks

---

53 *Habermas*, Braucht Europa eine Verfassung?, S. 185 ff.; *ders.*, Zur Verfassung Europas.

54 *Honneth*, Das Recht der Freiheit, S. 219 ff.

55 *Menke*, Kritik der Rechte, S. 248 ff., 369 ff.

56 *Rebentisch*, Die Kunst der Freiheit, S. 362 ff.

schwerlich erwehren, dass die Verfassungstheorie als Reflexionsdisziplin dem verbotenen Baum der Erkenntnis gleicht, von dem die Dogmatik als Anwendungsdisziplin aber um den Preis ihrer Wissenschaftlichkeit nicht naschen darf."[57] Vor allem stellt sich jedoch die Frage, warum sich „Nachbarwissenschaften" auf diesen juristisch dominierten „interdisziplinären" Diskurs überhaupt einlassen sollten: Hat eigentlich irgendjemand die „Nachbarwissenschaften" jemals gefragt, ob sie überhaupt „Nachbarn" sein wollen? „High fences make good neighbours" ist kein Grundsatz, der den interdisziplinären Dialog in der Verfassungstheorie irgendwie konstruktiv begründen oder anleiten könnte. Interdisziplinär zu arbeiten, heißt: sich auf andere wissenschaftliche Perspektiven einzulassen, andere wissenschaftliche Methoden zu erlernen oder zumindest zu verstehen und im interdisziplinären Dialog neue Begriffe, Konzepte und Theorien zu entwickeln. Wer interdisziplinär arbeiten möchte, wird dabei auch begreifen (müssen), dass interdisziplinäre Begriffe, Konzepte und Theorien an disziplinären Maßstäben gemessen „unschärfer" („fuzzy") sind, ohne dass hierin irgendein Nachteil für die wissenschaftliche Reflexion liegt.

So zeigt sich gerade in der interdisziplinären Arbeit, wie sehr sich die dogmatikakzessorische Verfassungstheorie von dem hier vorgeschlagenen Verständnis von Verfassungstheorie als der Notwendigkeit einer zugespitzten Interpretation und Erklärung der Verfassung unterscheidet: Auf der einen Seite steht das kontrollierte „Übersetzen" nachbarwissenschaftlicher Konzepte in juristische „Sprache" und Dogmatik, auf der anderen Seite der vollkommen offene inter- und transdisziplinäre Dialog über neue zugespitzte Interpretationen und Erklärungen der Verfassung. Wer die Verfassungstheorie auf die Verfassungsdogmatik ausrichtet, für den kann die offene Inter- und Transdisziplinarität nur das „lauwarme Spülwasser der Ungenauen, der geistig Halbstarken"[58] bilden. Doch diese bitterböse Charakterisierung von Interdisziplinarität Ralf Dahrendorfs muss jeden überraschen, der Dahrendorf als politischen und wissenschaftlichen Grenzgänger schätzt.[59] Wer sich auf den offenen theoretischen Diskurs einlässt, der wird sich auch gegenüber einem offenen interdisziplinären Austausch mit Blick auf zugespitzte Verfassungslektüren öffnen. Ja, sie oder er werden erkennen, dass Theorien und damit auch Verfassungstheo-

[57] *Frick*, Die Staatsrechtslehre im Streit um ihren Gegenstand, S. 200 f.

[58] *Dahrendorf*, Raymond Aron, S. 113 (114).

[59] *Dahrendorf*, Reisen nach innen und außen, insbesondere S. 10 ff.; *ders.*, Über Grenzen, insbesondere S. 104 ff.

rien nicht nur an den Universitäten und Forschungsinstituten, sondern vor allem auch in der Gesellschaft entstehen. Eine Verfassung wird nicht nur von Wissenschaftlerinnen und Wissenschaftlern, sondern auch von Bürgerinnen und Bürgern, zivilgesellschaftlichen Akteuren, politischen Parteien, Medien und selbstverständlich auch Verfassungsorganen zugespitzt gelesen und erklärt. Die Arbeiter-, Frauen-, Bürgerrechts- und Umweltbewegung haben Verfassungen nicht nur kritisiert und umgestaltet, sondern sie lasen und lesen sie auch anders und neu. Sie unterbreiten innovative Vorschläge für ein anderes und neues Verständnis von Freiheit und Gleichheit, von Rechten und Gerechtigkeit. Politische Forderungen verwandeln sich in rechtliche Theorie: Die soziale Frage und der Sozialstaat, Frauenbewegung und Geschlechtergerechtigkeit, ökologischer Aktivismus und Environmental Justice, liberaler Pluralismus und Diversitätsprinzip sind Beispiele dafür. Insofern lässt sich Peter Häberles Plädoyer für eine offene Gesellschaft der Verfassungsinterpreten[60] zu einer offenen Gesellschaft der Verfassungstheorien fortschreiben.[61] Aus juristischer Perspektive sollte man keine Angst vor dieser offenen Gesellschaft der Verfassungstheorien haben, weil man um das juristische Konstruktionsreservat fürchtet. Ganz im Gegenteil: Man kann und sollte die wissenschaftliche und politische Offenheit des verfassungstheoretischen Diskurses schlicht genießen.

3. (Keine) Flucht von Alcatraz?

Mit ihrer Fokussierung auf die Verfassungsdogmatik ist die Verfassungstheorie zur Gebrauchsanweisung für den verfassungsrechtlichen Stabilbaukasten des Grundgesetzes geworden.[62] Sicherlich, nicht alle sahen und sehen das so. So hat Martin Morlok in seiner Monographie *Was heißt und zu welchem Ende studiert man Verfassungstheorie?* (1988) einen verfassungstheoretischen Ausbruchsversuch aus diesem verfassungsdogmatischen Locked-In unternommen.[63] Doch auch Morlok hält an dem

[60] *Häberle*, JZ 1975, S. 297 ff.; vgl. ferner *Krüper*, Auf der Suche nach neuer Identität, S. 238 (248).

[61] *Morlok*, Was heißt und zu welchem Ende studiert man Verfassungstheorie?, S. 54.

[62] *Poppenberg*, Herbst der Theorie, S. 99: „So wird Theorie zum Werkzeug für den Stabilbaukasten."

[63] *Morlok*, Was heißt und zu welchem Ende studiert man Verfassungstheorie?

Grundsatz fest, dass die Verfassungstheorie eine „Metatheorie der Verfassungsrechtsdogmatik“[64] sei. Der damit verbundene Kurzschluss zwischen Verfassungstheorie, Verfassungsdogmatik und Verfassungsrecht führt aber dazu, dass Morloks verfassungstheoretisches Programm als „interdisziplinär-integratives Unternehmen“[65] äußerst anspruchsvoll ist, um den unmittelbaren Durchgriff von der Verfassungstheorie durch die Verfassungsdogmatik auf das Verfassungsrecht „abzusichern“. Deshalb ist die Verfassungstheorie nach Morlok durch acht Merkmale gekennzeichnet: Sie ist komplex, meta-theoretisch, normativ, wirklichkeitsorientiert, ein reales Phänomen, rational, politisch und verantwortungsbewusst.[66] Bei aller wissenschaftlichen Wertschätzung und Sympathie scheint mir, dass diese Öffnung der Verfassungsdogmatik zur Verfassungstheorie nur durch eine hyperkomplexe „Theoriearchitektur“[67] wieder eingefangen werden kann, wenn man – wie es Morlok selbst formuliert – die Kontrolle behalten will.[68] Und wenn Morlok schreibt: „Verfassungstheorie ist so kompliziert und hat so viel zu beachten, daß der Sachbearbeiter im Landratsamt dem nur schwerlich gerecht werden kann“[69], stelle ich mir die selbstkritische Frage, ob auch ich als Wissenschaftler dieses theoretische, sehr anspruchsvolle Programm umzusetzen vermag.

Also keine Flucht von Alcatraz? Der Fluchtplan, den Morlok ausgearbeitet hat, erscheint mir jedenfalls sehr komplex, zu komplex. Dies bedeutet nicht, dass man den Fluchtplan aufgeben sollte. Sehr gerne werden solche methodischen Fluchtpläne als Generationenkonflikte inszeniert und rekonstruiert. Dafür ist der Bruch zwischen der spätkonstitutionellen Staatsrechtslehre und der Selbststilisierung der Weimarer Wilden als methodische Lost Generation ein bis heute nachwirkendes Beispiel.[70] Doch Klaus Ferdinand Gärditz hat vollkommen recht, wenn er die Monokausalität generationsbezogener Erklärungsmuster in Frage stellt[71] und mit Blick auf die aktuellen Diskussionen festhält: „Einem Overkill an Rechtsdogmatik folgte dialektisch ein Bedürfnis nach Theoretisierung,

---

[64] Ebd., S. 51 (Zitat), 53 f.
[65] Ebd., S. 21.
[66] Ebd., S. 50 ff., 128, 130, 178 ff.
[67] Ebd., S. 27.
[68] Ebd., S. 18, 59.
[69] Ebd., S. 82 (Zitat), 132.
[70] *Möllers*, Der Staat 43 (2004), S. 399 ff.; *Kersten*, Georg Jellinek, S. 85 ff.
[71] *Gärditz*, Der Staat 57 (2018), S. 633 (641 ff.).

perspektivischer Ausdifferenzierung und Herauslösung aus dem Anwendungsbezug."[72] Die Verfassungstheorie ist nicht das theoretische Schatzkästlein des verfassungsdogmatischen Hausfreunds. Wir müssen in der Verfassungstheorie anders ansetzen: Verfassungstheorien sind zugespitzte Lektüren der verfassungsrechtlichen Assemblage des Grundgesetzes.

[72] Ebd., S. 643 f.

III. Assemblage: Keine Theorie ohne Eigenschaften

Verfassungstheorie ist schlicht und einfach Theorie. Sie präsentiert zugespitzte Interpretationen und Erklärungen des Grundgesetzes; und da immer mehrere pointierte Interpretationen und Erklärungen einer demokratischen Verfassung möglich sind, gibt es auch nicht *die* Verfassungstheorie im Singular, sondern immer „nur" Verfassungstheorien im Plural, die uns alternative Verfassungsverständnisse eröffnen.[1] Diese verfassungstheoretische Notwendigkeit der Zuspitzung wird durch die fragmentarische Struktur der Verfassung provoziert.[2] Demokratische Verfassungen sind (un)geschriebene Verfassungstexte, die eine normative Wirkung für die soziale Wirklichkeit entfalten, ohne jedoch die gesamte soziale, politische, ökonomische und ökologische Welt zu verfassen bzw. verfassen zu können.[3] Demokratische Verfassungen reflektieren normative Fragmente unserer Gesellschaft: Sie kombinieren Präambel, Grundrechte, Verfassungsgüter und Verfassungsprinzipien mit staatsorganisatorischen Regelungen. Sie sind verfassungsrechtliche Collagen, Montagen aus heterogenen Regelungen und diversen Regelungskomplexen. So ist auch das Grundgesetz eine Verfassungsassemblage, die nur in Form verfassungstheoretischer Zuspitzungen interpretiert und erklärt werden kann. Demokratische Verfassungstheorien sind nicht distanzierte Betrachtungen von Unpolitischen, sondern engagierte Interpretationen und Erklärungen eines Verfassungstextes im Spannungsverhältnis von Norm und Wirklichkeit. Deshalb gibt es keine Verfassungstheorie ohne Eigenschaften.

---

[1] *Volkmann*, Der Staat 54 (2015), S. 35 (35, 37, 39); *Battis/Gusy*, Einführung in das Staatsrecht, Rn. 35.

[2] *Volkmann*, Grundzüge einer Verfassungslehre der Bundesrepublik Deutschland, S. 2 f.

[3] *Kersten*, Teilverfasste Wirtschaft, S. 135 f.

1. Assemblage

Die Assemblage ist aus der Kunst bekannt. Aus der Collage und Montage ist die dreidimensionale Assemblage entstanden. In den vergangenen zwanzig Jahren sind der Begriff und das Konzept der Assemblage aus der Kunst und Kunsttheorie[4] in die Natur-, aber auch in die Geistes-, Sozial-, Politik- und Kulturwissenschaften eingewandert.[5] Fabian Steinhauer hat in seiner brillanten Geschichte und Theorie der juristischen Kulturtechnik des Scheidens die zentrale Bedeutung des Konzepts der Montage für die Rechtswissenschaft und Rechtspraxis unterstrichen.[6] Damit hat er zugleich die Frage nach der Haltbarkeit des Rechts in das Zentrum der theoretischen Reflexion gerückt:[7] Wie werden Rechtstexte geschnitten und montiert?[8] Und: Welcher Ästhetik folgen diese juristischen Kulturtechniken?[9] Diese methodologischen Überlegungen Steinhauers bilden die Grundlage für eine Rezeption des Begriffs und Konzepts der Assemblage in den Rechtswissenschaften. In der Verfassungstheorie wird der Begriff der Assemblage bereits verwendet, um konstitutionelle Konstellationen von „Verfassungsfragmenten“[10] in transnationalen und globalen Rechtsordnungen zu konzeptualisieren.[11] Darüber hinaus gebraucht Martin Loughlin den Begriff der Assemblage, um – im Anschluss an die ältere britische Verfassungstradition[12] – die Idea of Public Law zu umschreiben: „What I want to argue is that public law – the law relating to

---

[4] *Geiger*, The Art of Assemblage, S. 9 ff., 179 ff.

[5] *Acuto/Curtis*, Assemblage Thinking and International Relations, S. 1 ff.; *Clarke/Bainton/Lendvai/Stubbs*, Making Policy Move, S. 49 ff.

[6] *Steinhauer*, Vom Scheiden, S. 6, 86 ff., 97, 113 ff., 147.

[7] Ebd., S. 7, 39.

[8] Ebd., S. 17.

[9] Ebd., S. 56 ff.

[10] *Teubner*, Verfassungsfragmente.

[11] *Möller*, Ancilla Liuis 2008, S. 44 (50 f. m. w. N.); *Glanert*, The Translator 20 (2014), S. 255: „assemblage in motion“; *Gould*, The Global Justice Assemblage, S. 10, 12, 14 ff.; *Demmers/Gould*, Security Dialogue 49 (2018), S. 364 (367 ff.); *Sassen*, Territory, Authority, Rights, S. 3 ff., 323 ff., 402 ff.

[12] *Bolingbroke*, A Dissertation Upon Parties, S. 108: „By Constitution We mean [...] that Assemblage of Laws, Institutions and Customs, derived from certain fix'd Principles of Reason, directed to certain fix'd Objects of publick Good, that compose the General Systems, according to which Community hath agreed to be governed.“; hierzu *Dreier*, Idee und Gestalt des freiheitlichen Verfassungsstaates, S. 4 f.

the activity of governing – must be conceived as an assemblage of rules, principles, cannons, maxims, customs, usages, and manners that condition and sustain the activity of governing. More specifically, public law is neither a system of general principles nor a code of rules. Rather, it is a vernacular language."[13] Loughlin nutzt also den Begriff der Assemblage, um die heterogene Vielfalt und normative Mehrdimensionalität der Verfassung jenseits eines geschriebenen Verfassungsdokuments zu erfassen. Dies ist nicht nur für Großbritannien sinnvoll, das über keine „moderne" Verfassungsurkunde, sondern eine traditionelle, ungeschriebene Verfassung verfügt.[14] Auch die Verfassungsordnung der Bundesrepublik geht nicht im Grundgesetz auf, dessen fragmentarischer Charakter durch Geschäftsordnungen (GOBT, GOBReg, GOBR, GOVermAussch), Gesetze (BWahlG, AbgG, PartG, BVerfGG) sowie durch Verfassungsgewohnheitsrecht und Verfassungspraxen konkretisiert und ergänzt wird.[15] Diese Idee des Öffentlichen Rechts als Assemblage möchte ich sehr gerne aufgreifen, allerdings für die Funktionsbestimmung der Verfassungstheorie etwas variieren: Die Verfassung ist eine fragmentarische Assemblage aus Präambel, Grundrechten, Verfassungsgütern, Verfassungsprinzipen, Staatsorganisationsrecht und Übergangsvorschriften, die sich im dreidimensionalen Verhältnis von Verfassungstext, Verfassungsnorm und Verfassungswirklichkeit entfaltet. Aufgabe der Verfassungstheorie ist es, zugespitzte Interpretationen und Erklärungen dieser dreidimensionalen Verfassungsassemblage zu entwickeln und zu diskutieren.

Wenn man versucht, die Verfassung als Assemblage und die Verfassungstheorie als deren zugespitzte Lektüre und Erklärung zu verstehen, wird schnell eines deutlich: Es gibt keine allgemein akzeptierte und praktizierte Theorie der Assemblage. In theoriegeschichtlicher Perspektive haben vor allem zwei Ansätze zur geistes-, kultur-, sozial- und politikwissenschaftlichen Profilierung des Begriffs und des Konzepts der Assemblage beigetragen: Zum einen waren und sind Gilles Deleuze und Félix Guattari[16] und zum anderen die Akteur-Netzwerk-Theorie (ANT) und

---

[13] *Loughlin*, The Idea of Public Law, S. 30 (Zitat), 155; hierzu bereits *Möller*, Formenwandel der Verfassung, S. 135.

[14] *Loughlin*, IPE I, § 4, Rn. 7; *ders.*, The British Constitution, S. 6 ff., 23 ff.

[15] *Tomuschat*, Verfassungsgewohnheitsrecht?, S. 44 ff., 58 ff.; *Wolff*, Ungeschriebenes Verfassungsrecht unter dem Grundgesetz, S. 427 ff.

[16] *Deleuze/Guattari*, A Thousand Plateaus, S. 6 ff., 95, 377 f., 585 ff.

hier insbesondere Bruno Latour[17] richtungsweisend.[18] Eine auch nur halbwegs geschlossene Ausarbeitung der Assemblage als Theorieansatz steht allerdings (noch) aus. In gewisser Weise entspricht es allerdings sogar dem kompositorischen Konzept der Assemblage, dass sich kein geschlossener Theorieansatz der Assemblage entwickelt, sondern sich ein vielfältiges Theoriedesign der Assemblage entfaltet hat. Ungeachtet dessen lassen sich jedoch Elemente einer Theorie der Assemblage identifizieren. Dafür kann man von der Definition ausgehen, die Jane Bennett ihrem Verständnis der Assemblage zugrunde legt: „Assemblages are ad hoc groupings of diverse elements, of vibrant materials of all sorts."[19] Es sind also drei Elemente, die eine Assemblage kennzeichnen: erstens Diversität, zweitens Relationalität und drittens Emergenz.

a) Diversität

Eine Assemblage setzt sich nicht schlicht aus heterogenen, sondern aus diversen Elementen zusammen, die ihre lebhafte und pulsierende, aktive und dynamische Eigenrationalität in die Assemblage einbringen („*diverse* elements, of *vibrant* materials of all sorts"). Diese vibrierende Eigenrationalität geht den Elementen in der Assemblage auch nicht verloren, sondern bildet wiederum die Grundlage für deren emergente Eigendynamik.[20] Auf die Verfassung übertragen bedeutet dies: Die Verfassungstheorie begreift die Präambel, Grundrechte, Verfassungsgüter, Verfassungsprinzipien und das Staatsorganisationsrecht als Verfassungselemente, die ihre dynamische Eigenrationalität in die Verfassungsassemblage des Grundgesetzes einbringen.

---

[17] *Latour*, Eine neue Soziologie für eine neue Gesellschaft, S. 21, 114, 205.

[18] *DeLanda*, A New Philosophy of Society, S. 3 f.; hierzu kritisch und differenzierend *Buchanan*, Deleuze Studies 9 (2015), S. 382 ff.; grundsätzlich *Harman*, Conclusions: Assemblage Theory and Its Future, S. 118 (119).

[19] *Bennett*, Vibrant Matter, S. XVII, 23 (Zitat), 34 ff.

[20] Vgl. unten S. 43 ff.

b) Relationalität

Eine Assemblage entfaltet sich in einer relationalen Gruppierung ihrer diversen Elemente („*groupings* of diverse elements"). Es kommt also darauf an, die dynamischen Verbindungen zwischen den vibrierenden Elementen der Assemblage sichtbar zu machen und nachzuzeichnen.[21] Auf die Verfassung übertragen bedeutet dies, dass es der Verfassungstheorie darauf ankommen muss, neue Verbindungen bzw. Relationen zwischen Präambel, Grundrechten, Verfassungsgütern, Verfassungsprinzipien und Staatsorganisationsrecht zu entdecken oder herzustellen, um diese pointiert zu begründen und zu erklären. Dies führt zu der von Manuel DeLanda formulierten Einsicht, dass eine Assemblage durch ihre dynamischen Elemente gleichzeitig stabilisiert und destabilisiert werden kann.[22] Insofern lebt die dynamische Emergenz der Verfassungsassemblage von einer „konfrontative[n] Kombinatorik"[23] der diversen Verfassungselemente. So können beispielsweise Verfassungselemente in der grundgesetzlichen Verfassungsassemblage sowohl für die Verwirklichung einer poststaatlichen Europäischen Union als auch für die Entwicklung einer europäisch integrierten Verfassungsstaatlichkeit sprechen.[24] Deshalb muss die Verfassungstheorie vor allem mit den textlichen, normativen und wirklichen Spannungen umgehen, welche die sehr unterschiedlichen Verbindungen von Präambel, Grundrechten, Verfassungsgütern, Verfassungsprinzipien und Staatsorganisationsrecht angesichts der sozialen und politischen, ökonomischen und ökologischen, kommunikativen und technischen Herausforderungen erzeugen, vor denen unsere Gesellschaft gegenwärtig steht.

[21] *Twellmann*, DVjs 93 (2019), S. 239 (248); *Latour*, Eine neue Soziologie für eine neue Gesellschaft, S. 22; *DeLanda*, A New Philosophy of Society, S. 5, 11; vgl. kritisch differenzierend zur Relationalität der Assemblage *Harman*, Conclusions: Assemblage Theory and Its Future, S. 118 (122).

[22] *DeLanda*, A New Philosophy of Society, S. 12, 19.

[23] *Twellmann*, DVjs 93 (2019), S. 239 (250 [Klammerzusatz durch den Verfasser]).

[24] Vgl. unten S. 57 f.

c) Emergenz

Eine Assemblage ist kein dauernder Zustand, sondern ein dynamischer und emergenter Prozess, ein nur temporär stabiles Ensemble („*ad hoc* groupings").[25] Dieser emergente Charakter der Assemblage ergibt sich unmittelbar aus der relationalen Gruppierung ihrer dynamischen Elemente. Die Verbindungen unter den Elementen einer Assemblage sind dabei nicht stabil, sondern formieren und lösen sich laufend neu.[26] Es entsteht auch nicht eine Verbindung zwischen allen Elementen einer Assemblage. Es bilden sich diverse Verbindungen zwischen diversen Elementen. Die diversen Elemente einer Assemblage verfügen deshalb auch ebenso wenig über einen festen Status in der Assemblage wie die Assemblage über eine feste Form. Vielmehr verändern sich die diversen Elemente, indem sie neue Verbindungen knüpfen oder wieder auflösen; und zugleich verändert sich dadurch wiederum die Assemblage selbst, die damit gleichzeitig ihre manifeste Latenz unter Beweis stellt. Diese emergente und zugleich latente Wirkung veranschaulicht Hannah Arendts Beschreibung der Arbeitstechnik Walter Benjamins: „Die Hauptarbeit bestand darin, Fragmente aus ihrem Zusammenhang zu reißen und sie neu anzuordnen, und zwar so, daß sie sich gegenseitig illuminieren und gleichsam freischwebend ihre Existenzberechtigung bewähren können. Es handelte sich durchaus um eine Art surrealistischer Montage."[27]

Nicht lineare, sondern emergente Verbindungen konstituieren also eine Assemblage, die sich in ihren Elementen und als Ganzes fortlaufend transformiert.[28] Deshalb ist eine Assemblage mehr als die Summe ihrer dynamischen Elemente. Sie verfasst ein emergentes Ganzes, aber keine reale oder ideale Einheit. Vor allem Marcus Twellmann hat im Rückgriff auf

---

[25] *Twellmann*, DVjs 93 (2019), S. 239; *Buchanan*, Deleuze Studies 9 (2015), S. 382 (383); *Sassen*, in: dies./Ong, The Carpenter and the Bricoleur, S. 17 (18); *Latour*, Eine neue Soziologie für eine neue Gesellschaft, S. 114, 359; speziell zur Instabilität rechtlicher Montagestellen *Steinhauer*, Vom Scheiden, S. 115 ff.; mit einer vielleicht doch etwas zu starken Betonung eines synthetischen Prozesses *DeLanda*, A New Philosophy of Society, S. 15, 19 ff.

[26] *Sassen*, in: dies./Ong, The Carpenter and the Bricoleur, S. 17 (23).

[27] *Arendt*, Walter Benjamin, S. 7 (58 f.).

[28] *Deleuze/Guattari*, A Thousand Plateaus, S. 7, 95; vgl. speziell zur Nicht-Linearität *Acuto/Curtis*, Assemblage Thinking and International Relations, S. 1 (4, 8); *DeLanda*, A New Philosophy of Society, S. 19.

Theodor W. Adorno darauf hingewiesen, dass das Montageprinzip „als Aktion gegen die erschlichene Einheit, auf den Schock angelegt“[29] war.[30] Adorno wäre allerdings nicht Adorno, wenn er nicht sogleich auf die kulturindustrielle Abnutzungswirkung des Montageschocks gegenüber organischen und harmonistischen Einheitsvorstellungen hingewiesen hätte. Darüber hinaus stellt Adorno insbesondere mit Blick auf das kommerzialisierbare Zufallsprinzip die Frage nach dem ästhetischen Imperativ des Kunstwerks, der eben gerade nicht in einer Zusammenpressung des heterogenen durch eine übergeordnete Instanz des Ganzen bestehen kann und soll.[31] Die durch die Montage aufgeworfene ästhetische Frage führt für Adorno nur noch zu der Antinomie zwischen dem ästhetisch überholten Ideal des Ganzen und der ästhetischen Abgeschmacktheit zufälliger oder sogar kommerziell intentionaler Konstruktionen. Doch auch wer diese kritischen Folgerungen nicht teilt, findet bei Adorno zugleich einen Ansatzpunkt für ein positives Verständnis des Ganzen diesseits organischer oder idealistischer Einheitsvorstellungen: „Der Prozeß zwischen Ganzem und Einzelnem ist, nachdem die obere Instanz versagte, an das Untere zurückverwiesen, an die *Impulse der Details*, gemäß dem nominalistischen Stande.“[32] Lässt man einmal den nominalistischen Seitenhieb außer Betracht, beschreibt Adorno mit den „Impulsen der Details“ für die prozesshafte Vermittlung zwischen dem Einzelnen und dem Ganzen sehr anschaulich, was Twellmann als emergente Assemblage profiliert: Das Konzept der Assemblage eröffnet die Möglichkeit, die komplexen Relationen unter heterogenen und diversen Elementen als ein emergentes Ganzes zu verstehen, ohne es zu einer vorgegebenen Einheit idealisieren zu müssen oder zu können.[33] Das bedeutet: Die kollektive Wirkung, die sich aus der Relation heterogener und diverser Elemente einer Assemblage ergibt, geht über die schlichte Summe deren Elemente hinaus. Dieses emergente Verständnis der Assemblage spiegelt sich auch unmittelbar in der Begriffsbildung von Bennett: Wo Adorno von „impulsiven Details“ spricht, rekurriert Bennett auf „vibrant materials“ bzw. „vibrant matters“, die sich *ad hoc* gruppieren, um ein emergentes Ganzes zu entfalten, ohne

---

[29] *Adorno*, Ästhetische Theorie, S. 7 (233).

[30] *Twellmann*, DVjs 93 (2019), S. 239 (243).

[31] *Adorno*, Ästhetische Theorie, S. 7 (231 ff.).

[32] Ebd., S. 234 (Hervorhebung durch den Verfasser); vgl. auch *Benjamin*, Einbahnstraße, S. 34: „aufsässige Materie“.

[33] *Twellmann*, DVjs 93 (2019), S. 239 (245, 253).

aber eine reale oder ideale Einheit zu formieren: „Assemblages against Totalities“[34] lautet das Stichwort.

Auf die Verfassung übertragen bedeutet dies: Die Verfassungstheorie kann die Verfassung als eine Assemblage aus heterogenen Einzelregelungen und diversen Regelungskomplexen – aus Präambel, Grundrechten, Verfassungsgütern, Verfassungsprinzipien und Staatsorganisationsrecht – begreifen, die einerseits jeweils über eine normative Eigenrationalität und dynamische Selbstständigkeit verfügen. Andererseits entfalten sie in ihrer relationalen Wechselwirkung die emergente und latente Wirkung der Verfassungsassemblage – also eine Wirkung, die über die Summe der einzelnen Normen hinausgeht und die wir dann „Verfassung“ nennen.

Damit unterscheidet sich das hier vorgestellte Verständnis von Verfassung und Verfassungstheorie zunächst von allen Ansätzen, welche die Verfassung als eine formale oder materielle Einheit verstehen. Dies gilt beispielsweise für das Verfassungsverständnis Carl Schmitts, nach dem erst ein einheitlicher politischer Wille aus einem willkürlichen und heterogenen Ensemble von Verfassungsnormen eine „wirkliche“, substanzielle Verfassung macht: „Es gibt kein geschlossenes Verfassungssystem rein normativer Art, und es ist willkürlich, eine Reihe einzelner Bestimmungen, die man als Verfassungsgesetze auffaßt, als systematische Einheit und Ordnung zu behandeln, wenn nicht die Einheit aus einem vorausgesetzten einheitlichen Willen entsteht.“[35] Wer die Verfassung als eine Assemblage begreift, wird jedoch nicht mit Schmitt vergeblich nach der substantiellen Einheit der Verfassung suchen. Wir sollten vielmehr die emergenten und latenten Verbindungen zwischen den einzelnen Verfassungsnormen nach- oder vorzeichnen, um die Verfassung im dreidimensionalen Spannungsverhältnis von Text, Norm und Wirklichkeit zu interpretieren und zu erklären. Das gleiche gilt für ideal-teleologische Überformungen, um die Einheit der Verfassung zu begründen. Einen solchen Ansatz vertritt Jestaedt, wenn er in – freilich kritisch distanzierter – Anlehnung an Schmitt betont: Die positivrechtliche Verfassung stelle „für sich genommen keine Norm, sondern eine Abbreviatur für ein Ensemble mehr oder minder inhaltlich heterogener Verfassungsnormen“[36] dar, um diesen Mangel sodann im Rückgriff auf die ideal-teleologische „Verfassung hinter der

[34] *DeLanda*, A New Philosophy of Society, S. 8.
[35] *Schmitt*, Verfassungslehre, S. 10.
[36] *Jestaedt*, in: Depenheuer/Grabenwarter, Verfassungstheorie, § 1, Rn. 40.

Verfassung" zu kompensieren.[37] Demgegenüber ermöglicht eine Verfassungstheorie, die die Verfassung als eine normative Assemblage begreift, in den heterogenen Normen und diversen Regelungskomplexen keinen teleologisch zu behebenden Mangel zu erblicken. Stattdessen vermag sie als Grundlage zu dienen, um die Emergenz und Latenz dieser Verfassungsassemblage zu entfalten.

Aus diesem Grund kann das hier vertretene Verfassungsverständnis auch nicht unmittelbar an die Integrationslehre Rudolf Smends anknüpfen. Auf den ersten Blick scheint eine solche Theorietradition nahe zu liegen. Auch Smend findet im fragmentarischen Charakter der Verfassungsordnung den Ausgangspunkt seiner Analyse und Konstruktion von persönlichen, funktionellen und sachlichen Integrationsfaktoren als grundlegenden Lebensvorgang des Staates.[38] In *Verfassung und Verfassungsrecht* (1928) bringt Smend dies wie folgt auf den Punkt: „Die Staatsverfassung muß diese Gewähr immanent in dem freischwebenden System ihrer Integrationsfaktoren gewährleisten [...]."[39] Im Artikel *Integrationslehre* im *Handwörterbuch der Sozialwissenschaften* (1956) heißt es: „Das sozusagen freischwebende System der Integrationsfaktoren hat immerfort die Grundlage des staatlichen Lebens zu gewährleisten."[40] Und auch in seinem Beitrag *Integration* für das *Evangelische Staatslexikon* (1966) unterstreicht Smend, dass „Integration nicht Addition, Anschluß aneinander, sondern Bildung eines neuen Ganzen durch ein neues Zusammenspiel der bisher vereinzelten Glieder bedeutet, bei dem diese Glieder zugleich, in der gegenseitigen Beeinflussung, in Opfer und Gewinn, ihre tatsächliche Art und ihren rechtlichen Status ändern müssen."[41] Die ersten beiden Formulierungen erinnern fast an Hannah Arendts Charakterisierung von Walter Benjamins freischwebender Illuminationstechnik,[42] während die dritte der Beschreibungen der dynamischen Emergenz einer relationalen

---

[37] Vgl. oben S. 21 f.

[38] *Smend*, Die politische Gewalt im Verfassungsstaat und das Problem der Staatsform, S. 68 (83, 85, 88); *ders.*, Verfassung und Verfassungsrecht, S. 119 (132, 136 ff., 162 f., 217); *ders.*, Integrationslehre, S. 475; *ders.*, Integration, S. 482 (483).

[39] *Smend*, Verfassung und Verfassungsrecht, S. 119 (197 [Klammerzusatz durch den Verfasser]); demgegenüber *ders.*, ebd., S. 206, zu einer leicht pejorativen Charakterisierung des Staats als ein „in sich freischwebendes Kräftespiel" im Kontext einer „Art kopernikanischen Begründung" der Gewaltenteilungslehre.

[40] *Smend*, Integrationslehre, S. 475 (477).

[41] *Smend*, Integration, S. 482 (483).

[42] Vgl. oben S. 43.

Assemblage sehr nahekommt. Doch diese Parallelen von Integrations- und Assemblagedenken stoßen auch an Grenzen. Denn letztlich erträgt die Integrationslehre die freischwebende Emergenz der Verfassung nicht. Deshalb übersteuert sie den von ihr beschriebenen Verfassungs- als Integrationsprozess verfassungstheoretisch, indem sie diesen als wertbezogene Einheit, staatliche Lebenstotalität und umfassendes Gesamterlebnis versteht[43] und dezidiert antiliberal argumentiert,[44] bevor sie selbstbewusst die Grenze zur Verfassungsethik überschreitet.[45] Diese holistische Überformung der Verfassung als Einheit lässt sich beispielsweise auch bei Konrad Hesse beobachten: Einerseits unterstreicht Hesse, dass die Elemente der Verfassung voneinander abhängen, aufeinander zurückwirken und sich das Ganze aus dem Zusammenspiel aller ergibt. Andererseits betont er, dass die Verfassung nur dann „voll verstanden und richtig interpretiert werden kann, wenn sie in diesem Sinn als Einheit begriffen wird."[46] Es sind aber gerade Einheits- und Totalitätsvorstellungen, gegen die sich das Verständnis der Verfassung als Assemblage wendet. Eine Einheit der Verfassung gibt es nicht.[47] Sie kann auch nicht aus dem Willen des Verfassungsgebers hergeleitet werden, da sich dieser ja gerade in einer fragmentarischen Kombination von heterogenen Regelungen und diversen Regelungskomplexen niederschlägt. Analoges gilt für die Vorstellung, die Einheit der Verfassung ergebe sich aus der Verfassungsurkunde.

Diese Unterscheidung zwischen der Verfassung als formaler oder materieller Einheit einerseits und als einer emergenten und latenten Assemblage andererseits hat weitreichende methodologische und rechtliche Konsequenzen, die im Assemblagedenken mit der Differenzierung zwischen internen und externen Relationen diskutiert werden.[48] Wer die Verfassung als eine formale oder materielle Einheit versteht, sieht in den Spannungen zwischen Präambel, Grundrechten, Verfassungsgütern, Verfassungsprinzipien und Staatsorganisationsrecht interne Relationen, die

[43] *Smend*, Verfassung und Verfassungsrecht, S. 119 (132, 162 ff., 189 ff., 222 f., 236, 239, 241); *ders.*, Integrationslehre, S. 475 (477); *ders.*, Integration, S. 482 (484).

[44] *Smend*, Verfassung und Verfassungsrecht, S. 119 (129, 222).

[45] *Smend*, Integrationslehre, S. 475 (480); *ders.*, Integration, S. 482 (486).

[46] *Hesse*, Grundzüge des Verfassungsrechts der Bundesrepublik Deutschland, Rn. 5 ff., 20 (Zitat), 71.

[47] Kritisch auch *F. Müller*, Die Einheit der Verfassung, insbesondere S. 225 ff.; *ders./Christensen*, Juristische Methodik, Rn. 383 ff.

[48] *DeLanda*, A New Philosophy of Society, S. 9 ff., 18.

auf die formale und materielle Einheitsbildung ausgerichtet sind. Begreift man die Verfassung als eine emergente und latente Assemblage, entfaltet sie sich in den externen Relationen, die sich aus den Spannungsverhältnissen von Präambel, Grundrechten, Verfassungsgütern, Verfassungsprinzipien und Staatsorganisationsrecht ergeben. Wie tiefgreifend der Unterschied zwischen diesen beiden Ansätzen ist, wird in demokratischen Verfassungsordnungen besonders deutlich. Versteht man eine demokratische Verfassung als formale und materielle Einheit, haben sich die demokratischen Gewalten und allen voran der Gesetzgeber in diesem vorgegebenen formellen und materiellen Rahmen zu bewegen. Die Verfassung stellt nach diesem Verständnis eine Rahmenordnung dar.[49] Begreift man die Verfassung hingegen als eine Assemblage, entfalten die demokratischen Gewalten und wiederum allen voran der demokratische Gesetzgeber das Verfassungsfeld überhaupt erst in einem emergenten und latenten Prozess. Welcher dieser beiden Möglichkeiten des Verfassungsdenkens man selbst folgt, lässt sich ganz einfach testen. Man muss sich nur die verfassungstheoretische Schlüsselfrage stellen: Wie stehe ich zur Kategorie des Verfassungswandels?[50]

2. Zuspitzungen

Wenn man bereit ist, die Verfassung als eine diverse, relationale und emergente Assemblage zu verstehen, wird deutlich, warum die Aufgabe der Verfassungstheorie in der Notwendigkeit der Zuspitzung besteht. Es ist überhaupt nicht möglich, die Verfassung als Ganze zu begreifen, zu beschreiben oder zu reflektieren. Die Verfassung als Assemblage entzieht sich einem holistischen Zugriff. Einen solchen können nur Verfassungstheoretiker/innen wagen, welche die Verfassung als eine formale oder materielle Einheit begreifen. Ist aber ein holistisches Verständnis der Verfassung unmöglich, muss die Verfassungstheorie notwendigerweise zuspitzen, wenn sie das Grundgesetz interpretieren und erklären will.

[49] *Böckenförde*, Die Eigenart des Staatsrechts und der Staatsrechtswissenschaft, S. 11 (16ff.); zurückhaltender *Volkmann*, Grundzüge einer Verfassungslehre der Bundesrepublik Deutschland, S. 3.

[50] Vgl. zur verfassungstheoretischen Schlüsselfrage nach dem Verfassungswandel *Smend*, Verfassung und Verfassungsrecht, S. 119 (188, 241 f.); *Volkmann*, Der Staat 51 (2012), S. 601 (613); *ders.*, JZ 2018, S. 265ff.; *Becker/Kersten*, AöR 141 (2016), S. 1 (9ff.); *Voßkuhle*, JuS 2019, S. 417ff.

Deshalb bieten unterschiedliche Verfassungstheorien alternative Interpretationen und Erklärungen der Verfassung an. Sie zeichnen unterschiedliche Relationen zwischen Präambel, Grundrechten, Verfassungsgütern, Verfassungsprinzipien und Staatsorganisationsrecht vor oder nach; und sie reflektieren die emergenten Folgen dieser Zuspitzungen im dreidimensionalen Spannungsverhältnis von Text, Norm und Wirklichkeit der Verfassungsassemblage des Grundgesetzes.

a) Methodische Relationen

Die methodischen Relationen beziehen sich auf die Auslegungsgrundsätze, mittels derer die Verfassung interpretiert wird. Selbst wenn man hier nur den – oft, gerne und zu Recht kritisierten,[51] aber dennoch unentbehrlichen[52] – Auslegungskanon zugrunde legt, wird deutlich, dass man nicht umhinkommt, methodische Relationen zwischen Wortlaut, Historie, Systematik und Teleologie herzustellen. Ja, es ist gerade die emergente Relationalität, die der klassische Auslegungskanon in der Verfassungsassemblage des Grundgesetzes entfaltet und das epistemologische Todesurteil der „Methodennaivität"[53] vielleicht doch etwas relativieren kann. Die vier Auslegungsmethoden sind im Verfassungsrecht zweifellos nicht alles. Aber sie sind doch mehr als nichts: Die Analyse des Wortlauts erschließt den linguistischen Sinn und die begrifflichen Varianzen, die historische Analyse die geschichtliche Entstehung und Entwicklung, die systematische Analyse die verfassungs-, europa- und völkerrechtlichen Beziehungsgeflechte und die teleologische Analyse die soziale, politische, rechtliche, wirtschaftliche und ökologische Steuerungsfunktion von Verfassungsnormen. Wer also die Verfassung interpretieren und erklären möchte, sollte nicht vorschnell auf diese Auslegungsangebote verzichten; und selbst wer den Kanon mit guten Gründen kritisch sieht, könnte sich vielleicht eingestehen, dass es sich bei ihm um „Methodennaivität" auf sehr hohem Niveau handelt. Wie man dies nun auch einschätzen mag: Die Anwendung der vier Auslegungsmethoden erfordert im Verfassungsrecht

---

[51] *Hesse*, Grundzüge des Verfassungsrechts der Bundesrepublik Deutschland, Rn. 53ff.

[52] *Battis/Gusy*, Einführung in das Staatsrecht, Rn. 27.

[53] *Möllers*, RW 1 (2010), S. 188; vgl. auch *Hesse*, Grundzüge des Verfassungsrechts der Bundesrepublik Deutschland, Rn. 57ff.

immer auch eine relationale Zuspitzung, die sich in einem emergenten Verständnis der Verfassungsassemblage niederschlägt. Zum einen kann die relationale Entfaltung und Zuspitzung des wörtlichen, historischen, systematischen und teleologischen Verständnisses einer Verfassungsnorm im Einzelfall erfolgen. Zum anderen lässt sich die methodische Relation zwischen Wortlaut, Historie, Systematik und Teleologie aber auch auf einer abstrakten Ebene grundsätzlich entscheiden. Dies zeigt beispielsweise der Dauerstreit zwischen *originalism*, *living legal instrument* und *living originalism*, der die Relation zwischen den vier Auslegungsgrundsätzen auf Wortlaut und Historie, Wortlaut und Teleologie bzw. Wortlaut und Entwicklung zuspitzt.[54] Selbstverständlich lassen sich noch weitere methodische Relationen in der Interpretation und Erklärung der Verfassung herstellen, wenn man sich etwa topischer,[55] verfassungskonkretisierender,[56] rechtsvergleichender[57] oder kulturwissenschaftlicher Ansätze[58] bedient, um die Verfassung zu verstehen und zu erklären. Doch auch diese Ansätze beruhen auf zugespitzten methodischen Relationierungen von Verfassungsnormen, von Verfassungsnormen verschiedener Rechtsordnungen sowie Verfassungsnormen und ihren kulturellen Bedeutungsgehalten und Konfliktpotenzialen.

b) Normative Relationen

Die normativen Relationen stehen im Mittelpunkt des Verständnisses der Verfassung als emergente Assemblage, deren diverse Regelungen nur dynamisch zugespitzt interpretiert und erklärt werden können.

Was dies bedeutet und was daraus folgt, lässt sich am Beispiel der Staatsfundamentalnormen veranschaulichen: Die Bundesrepublik Deutschland ist ein demokratischer und sozialer Bundesstaat (Art. 20 Abs. 1 GG). Wenn das Bundesverfassungsgericht beispielsweise in seinem KPD-Urteil vom 17. August 1956 unterstreicht, das Grundgesetz folge dem „Ideal der

---

[54] *Rixen*, JZ 2018, S. 317 (325 m.w.N.).

[55] *Ehmke*, VVDStRL 20 (1963), S. 53 (55, 64 f., 71, 99).

[56] *Hesse*, Grundzüge des Verfassungsrechts der Bundesrepublik Deutschland, Rn. 60 ff.

[57] *Häberle*, JZ 1989, S. 913 ff.

[58] *Suntrup*, Umkämpftes Recht; vgl. hierzu *Rixen*, JZ 2019, S. 243 f.

‚sozialen Demokratie in den Formen des Rechtsstaates'"[59] liefert es bereits eine dreifach zugespitzte Interpretation und Erklärung der Verfassung: Erstens greift sich das Gericht aus Art. 20 Abs. 1 GG die Demokratie und den Sozialstaat heraus und lässt demgegenüber die Republik und den Bundesstaat unberücksichtigt. Zweitens kombiniert es das Demokratie- und das Sozialstaatsprinzip, indem es das „Soziale" als eine Eigenschaft der Demokratie ausweist. Drittens verbindet es dieses Verständnis von „sozialer Demokratie" mit dem in Art. 20 Abs. 3 und Art. 28 Abs. 1 Satz 1 GG verankerten Rechtsstaatsprinzip, das zugleich formal und nicht material verstanden wird. Die in diesen Begriffs- und Regelungskombinationen zum Ausdruck kommende verfassungstheoretische Zuspitzung wird besonders deutlich, weil man die Verfassungsassemblage des Grundgesetzes auch vollkommen anders hätte interpretieren und erklären können. Alternativ zum „Ideal der ‚sozialen Demokratie in den Formen des Rechtsstaates'" hätte man mit Verweis auf Art. 20 Abs. 1 i. V. m. Art. 20 Abs. 3 und Art. 28 Abs. 1 Satz 1 GG auch vom Ideal eines „demokratischen Sozialstaats zur Verwirklichung materieller Gerechtigkeit" sprechen können – eine Zuspitzung des Grundgesetzes, die der Verfassungstheorie von Wolfgang Abendroth[60] und Helmut Ridder[61] nahe gekommen wäre. Damit wird zugleich deutlich, dass diese normative Relationierung von Staatsfundamentalprinzipien über eine klassische Normauslegung nach Wortlaut und Systematik hinausgeht. Es handelt sich um eine zugespitzte Interpretation und Erklärung des Grundgesetzes. Zugleich bleibt die Notwendigkeit der Zuspitzung nicht bei dieser pointierten Interpretation und Relation grundlegender Verfassungsprinzipien stehen. Demokratie, Sozial- und Rechtsstaat sind keine „unzerlegbaren Grundbegriff[e]"[62], sondern differenzieren sich normativ weiter aus. Deshalb setzt sich die zuspitzende Kombinatorik in der weiteren Konkretisierung von Demokratie-, Sozialstaats- und Rechtsstaatsprinzip auch weiter fort. Dies deutet das Bundesverfassungsgericht nur vorsichtig an, wenn es den Demokratiebegriff durch das Adjektiv „sozial" verfassungsrechtlich erweitert, während es das Rechtsstaatsverständnis auf den formalen Rechtsstaat verkürzt. Die Notwendigkeit der Zuspitzung geht jedoch über diese vergleichsweise

[59] BVerfGE 5, 85 (198) – KPD; vgl. hierzu *Voßkuhle*, SGb 2011, S. 181 (184).
[60] *Abendroth*, Das Grundgesetz, S. 63 ff., 78 ff., 95 ff.
[61] *Ridder*, Die soziale Ordnung des Grundgesetzes, S. 35 ff.
[62] *Kracauer*, Aufruhr der Mittelschichten, S. 81 (83 [Klammerzusatz durch den Verfasser]).

vorsichtigen Pointierungen hinaus. So kommt es für ein differenziertes Demokratieverständnis des Grundgesetzes beispielsweise darauf an, wie man dieses über weitere Normkombinationen weiter zuspitzt. Lese und erkläre ich beispielsweise das Demokratieprinzip im klassischen normativen Bermuda-Dreieck aus Art. 20, Art. 21 und Art. 38 GG, also in der Kombination von Demokratieprinzip, Parteienstaatlichkeit und parlamentarischer Repräsentation?[63] Oder als Recht auf Demokratie, also über die Menschenwürdegarantie (Art. 1 Abs. 1 GG) i. V. m. dem Demokratieprinzip (Art. 20 Abs. 1 und Abs. 2 GG)?[64] Oder in der aktuellen Debatte um die geschlechtergerechte Repräsentation über die Gleichstellung von Frauen und Männern (Art. 3 Abs. 2 und Abs. 3 Satz 1 GG) i. V. m. dem Demokratieprinzip (Art. 20 Abs. 1 und Abs. 2 GG), der Funktion politischer Parteien (Art. 21 GG) und der parlamentarischen Repräsentation (Art. 38 Abs. 1 GG)?[65] Oder als Entfaltung repräsentativer, plebiszitärer, partizipativer und assoziativer Demokratie (Art. 20 Abs. 1 und 2 i. V. m. Art. 23 Abs. 1 Satz 1 GG i. V. m. Art. 2 Satz 1 und Art. 10 f. EUV)?[66] Verfassungstheoretische Zuspitzungen prägen auch das Verständnis der Grundrechte: Die Gewährleistung des Existenzminimums wird aus der Menschenwürdegarantie (Art. 1 Abs. 1 GG) i. V. m. dem Sozialstaatsprinzip (Art. 20 Abs. 1 GG),[67] das Allgemeine Persönlichkeitsrecht aus der freien Entfaltung der Persönlichkeit (Art. 2 Abs. 1 GG) i. V. m. der Menschenwürdegarantie (Art. 1 Abs. 1 GG) oder derivative Teilhaberechte aus einem Freiheitsrecht i. V. m. dem Allgemeinen Gleichheitssatz (Art. 3 Abs. 1 GG) und dem Sozialstaatsprinzip (Art. 20 Abs. 1 GG) hergeleitet.[68]

---

[63] *Leibholz*, Volk und Partei im neuen deutschen Verfassungsrecht, S. 71 ff.; *ders.*, Der Strukturwandel der modernen Demokratie, S. 78 (116 ff.).

[64] BVerfGE 129, 124 (169 f.) [2011] – EFS; BVerfGE 142, 123 (190 f., 193, 200, 209, 219) [2016] – OMT-Programm; kritisch *Sauer*, Der Staat 58 (2019), S. 7 ff.

[65] *Ungern-Sternberg*, JZ 2019, S. 525 ff.; *Röhner*, Unitäres Volk oder Parité?; *dies.*, Ungleichheit und Verfassung, S. 258 ff. jew. m. w. N.

[66] *Kersten*, Schwarmdemokratie, S. 146 ff.

[67] Vgl. für das wirtschaftliche Existenzminimum BVerfGE 125, 175 (222 ff.) [2010] – Hartz IV; BVerfGE 132, 134 (159 ff.) [2012] – Asylbewerberleistungsgesetz; BVerfGE 137, 34 (72 ff.) [2014] – Existenzsichernder Regelbedarf; ferner für das gesundheitlich-medizinische Existenzminimum BVerfGE 115, 24 (41 ff.) [2005] – Gesetzliche Krankenversicherung.

[68] Vgl. für den Bildungsbereich BVerfGE 33, 303 (329 ff.) [1972] – Numerus Clausus I; BVerfGE 43, 291 (313 ff.) [1977] – Numerus Clausus II.

Fasst man dies zusammen, so beruhen verfassungstheoretische Interpretationen und Erklärungen auf der Zuspitzung von einzelnen Normgehalten und Normrelationen. In diesem Zusammenhang wird noch einmal deutlich, dass diese verfassungstheoretischen Zuspitzungen nicht nur durch die Wissenschaft angeboten, sondern auch durch verfassungsstaatliche Institutionen vorgenommen werden. Das Bundesverfassungsgericht ist ebenfalls Teil der offenen Gesellschaft der Verfassungstheoretiker/innen.[69] Auch bei den verfassungstheoretischen Interpretationen und Erklärungen des Bundesverfassungsgerichts handelt es sich nicht unmittelbar um Verfassungsdogmatik. Nach dem hier zugrunde gelegten Verständnis des Verhältnisses von Verfassungstheorie und Verfassungsdogmatik geht die Verfassungstheorie – also die interpretatorische und erklärende Zuspitzung der Verfassung – der Verfassungsdogmatik stets voran, die sich auf die Formulierung von verallgemeinerbaren Regeln einer Verfassungspraxis konzentriert, um diese für die Lösung anderer Einzelfälle anzuleiten:[70] Die verfassungstheoretische Erklärung und verfassungsdogmatische Standardisierung des Existenzminimums, des Allgemeinen Persönlichkeitsrechts, der derivativen Teilhaberechte oder auch des Demokratieprinzips sind eben zweierlei Arten juristischen Denkens, die über die Verfassungspraxis mittelbar miteinander verbunden sein können, aber eben nicht verbunden sein müssen.

Diese Notwendigkeit der Zuspitzung normativer Relationen in der Verfassungsassemblage vermittelt uns zugleich eine weitere, ganz wesentliche verfassungstheoretische Erkenntnis: Es kommt nicht darauf an, wie umfassend eine Verfassungstheorie konzipiert ist. Entscheidend ist vielmehr, wie sie sich in den normativen Relationen der Verfassungsassemblage entfaltet. Diese Feststellung der relativen Reichweite von Verfassungstheorien in der Verfassungsassemblage betrifft das Selbstverständnis des gesamten Genres, soweit es mit dem Anspruch umfassender Ganzheitlichkeit auftritt, die Verfassung zu interpretieren und zu erklären. Eine materielle Verfassungstheorie sei – so Christoph Möllers – „ein normativer Gesamtentwurf jenseits des Verfassungstexts, sowie methodischer Mittel, um diese Theorie mit dem Text zu verknüpfen und für konkrete Anwendungsprobleme verfügbar zu machen."[71] Zweifellos ist die „Rekonstruk-

[69] Vgl. oben S. 35.
[70] Vgl. oben S. 25.
[71] *Möllers*, Der Staat 43 (2004), S. 399 (413).

tion der Gesamtverfassung aus einem umfassenden Gedanken"[72] eine Möglichkeit der verfassungstheoretischen Zuspitzung: die Verfassung als Entscheidung (Carl Schmitt), Integration (Rudolf Smend), demokratische Form (Hans Kelsen), sozialer Rechtsstaat (Hermann Heller), demokratische Verfassungskultur (Peter Häberle) sowie als Gegenseitigkeits- (Görg Haverkate) oder als Gerechtigkeitsordnung (Uwe Volkmann). Wenn man die Verfassung als Assemblage begreift, stellt sich aber gerade bei „umfassenden" Ansätzen die Frage nach deren theoretischer Reichweite im Spannungsverhältnis von Text, Norm und Wirklichkeit: Wie umfassend ist eine „umfassende" Verfassungstheorie wirklich? Auf welchen methodischen und vor allem normativen Relationen gründet sich ein „umfassender" Interpretations- und Erklärungsanspruch? In der Verfassung als Assemblage lässt sich analytisch nachzeichnen, *wie* umfassend eine „umfassende" Theorie die Verfassung im dreidimensionalen Spannungsverhältnis von Text, Norm und Wirklichkeit zuspitzt. Welche methodischen und normativen Relationen werden hergestellt, um den Inhalt einer Verfassung zu bestimmen? Entfaltet beispielsweise Carl Schmitt in seiner *Verfassungslehre* (1928) wirklich die gesamte Weimarer Reichsverfassung als politische Grundentscheidung für einen „bürgerlichen Rechtsstaat"?[73] Oder sind letztlich „nur" die plebiszitäre Wahl des Reichspräsidenten (Art. 41 WRV) zur Exekutivspitze (Art. 46 f. WRV) i. V. m. dem Notverordnungs- und Ausnahmezustandsrecht (Art. 48 WRV) entscheidend?[74] Rudolf Smend hat diese Reduktion der Weimarer Verfassungsassemblage bei Schmitt klar gesehen: „So erschien z. B. der Inhalt der Weimarer Verfassung zuletzt als ein vordergründiges Provisorium gegenüber dem Hervortreten der eigentlichen Staatsnatur in der Diktaturgewalt des Artikel 48."[75] Diese Verortung von „umfassenden" Verfassungstheorien in der Verfassungsassemblage soll deren konstruktive Zuspitzungsleistungen nicht prinzipiell in Frage stellen. Doch sie kann helfen, die jeweiligen Interpretations- und Erklärungsansprüche analytisch klarer einzuordnen. Mit anderen Worten: Auch „umfassende" Verfassungstheorien erklären nicht alles, sondern nur vieles; auch sie sind „nur" relativ und relational.

---

[72] *Volkmann*, Der Staat 54 (2015), S. 35 (40); vgl. ferner *ders.*, Grundzüge einer Verfassungslehre der Bundesrepublik Deutschland, S. 5.

[73] Vgl. unten S. 103 ff.

[74] Vgl. unten S. 105 f.

[75] *Smend*, Integrationslehre, S. 475 (478 f. [Fn. 2]).

Damit verbindet sich unmittelbar eine zweite Erkenntnis: Weniger kann theoretisch mehr sein! Auch mit einem „umfassenden“ Erklärungsanspruch auftretende Verfassungstheorien konzentrieren sich regelmäßig „nur“ auf bestimmte methodische und normative Relationen. Deshalb sind sie in ihrem theoretischen *impact* nicht notwendigerweise solchen verfassungstheoretischen Ansätzen überlegen, die von vornherein auf eine Zuspitzung bestimmter Methoden- und Normrelationen fokussieren. Gerade eine ausschnitthaft fokussierende Zuspitzung kann in der diversen, relationalen und emergenten Verfassungsassemblage einen sehr weitreichenden verfassungstheoretischen Interpretations- und Erklärungsanspruch entfalten. Hier mag man beispielsweise an die verfassungstheoretische Reichweite von Werner Webers strukturellem Vergleich von Weimarer Reichsverfassung und Bonner Grundgesetz,[76] Wolfgang Abendroths[77] und Helmut Ridders[78] Lektüre des Grundgesetzes als soziale Ordnung, Gerhard Leibholz' Parteienstaatslehre,[79] Ernst Forsthoffs Abkündigung des Staats der Industriegesellschaft denken;[80] oder – in den aktuellen Diskussionen – an Christoph Möllers Konzeption der Gewaltengliederung[81] und expressive Demokratietheorie,[82] Thomas Vestings Verfassungs(trans)-formationen in Computernetzwerken[83] und Netzwerkkulturen,[84] Albert Ingolds Recht der Oppositionen[85] und Grundrechtstheorie emergenter Kollektivität[86] oder Anna Katharina Mangolds demokratische Inklusion durch Recht.[87] Sowohl umfassende als auch fokussierende verfassungstheoretische Zuspitzungen entfalten in der diversen, relationalen und

---

76 *W. Weber*, Weimarer Verfassung und Bonner Grundgesetz.

77 *Abendroth*, Das Grundgesetz, S. 63 ff., 78 ff., 95 ff.

78 *Ridder*, Die soziale Ordnung des Grundgesetzes, S. 35 ff.

79 *Leibholz*, Volk und Partei im neuen deutschen Verfassungsrecht, S. 71 ff.; *ders.*, Der Strukturwandel der modernen Demokratie, S. 78 (116 ff.).

80 *Forsthoff*, Die Bundesrepublik Deutschland, S. 197 ff.; *ders.*, Der Staat der Industriegesellschaft, insbesondere S. 51 ff., 61 ff., 94 ff., 126 ff., 147.

81 *Möllers*, AöR 132 (2007), S. 494 ff.; *ders.*, Gewaltengliederung, S. 398 ff.; *ders.*, Drei Gewalten, S. 57 ff.

82 *Möllers*, Expressive versus repräsentative Demokratie, S. 160 ff.; *ders.*, Demokratie, S. 28 f.

83 *Vesting*, Die Medien des Rechts IV, S. 87 ff., 127 ff.

84 *Vesting*, Staatstheorie, Rn. 282 ff.

85 *Ingold*, ZRP 2016, S. 143 ff.; *ders.*, Das Recht der Oppositionen, insbesondere S. 540 ff.

86 *Ingold*, Der Staat 53 (2014), S. 193 ff.; *ders.*, Der Staat 56 (2017), S. 491 (514 ff.).

87 *Mangold*, Demokratische Inklusion durch Recht.

emergenten Verfassungsassemblage unterschiedliche Reichweiten. Dieses Nebeneinander aus umfassenden und fokussierenden Zuspitzungen erklärt die oben bereits angesprochene Entwicklung der Verfassungstheorielandschaft in der Bundesrepublik: Neben den beiden nachwirkenden umfassenden Verfassungslehren von Schmitt und Smend haben insbesondere Haverkate und Volkmann umfassende Verfassungstheorien vorgelegt.[88] Ungeachtet dieses schmalen Befunds kann aber keineswegs von einer verfassungstheoretischen Zeit der „großen Dürre"[89] in der Bundesrepublik die Rede sein, weil eine große Vielfalt von fokussierten verfassungstheoretischen Zuspitzungen für die Entfaltung der Verfassungsassemblage des Grundgesetzes unterbreitet werden.

c) Historische Relationen

Die historischen Relationen spielen für die Entfaltung und zugleich Zuspitzung der Verfassungsassemblage ebenfalls eine zentrale Rolle. Diese geht weit über die historische Auslegung von Verfassungsnormen hinaus. Vor allem Michael Stolleis hat eine dienende Funktion der Verfassungsgeschichte für die Verfassungsdogmatik kritisch hinterfragt und demgegenüber die besondere Bedeutung der Verfassungsgeschichte für die Verfassungstheorie unterstrichen.[90] Versteht man die Verfassung als eine Assemblage wird der besondere Stellenwert, den die Verfassungsgeschichte für die Verfassungstheorie einnimmt, unmittelbar deutlich. Präambel, Grundrechte, Verfassungsgüter, Verfassungsprinzipien und Staatsorganisationsrecht entfalten sich im dynamischen Prozess ihrer emergenten Relationen. Auf diese Weise finden Verfassungen zu keinem festen Status, sondern „nur" zu relativ stabilen Transformationszuständen.[91] Deshalb kommt der historischen Entwicklung der emergenten Relationen zwischen Verfassungsnormen eine zentrale Bedeutung für das Verständnis der Verfassungsassemblage zu. Das assemblierte Spannungsverhältnis von Text, Norm und Wirklichkeit der Verfassung erklärt

---

[88] Vgl. oben S. 16f.

[89] *Gumplowicz*, Geschichte der Staatstheorien, S. 521, mit Bezug auf die „Zeit der Dürre" der Allgemeinen Staatslehre vor deren Renaissance um 1900; hierzu *Kersten*, Georg Jellinek und die klassische Staatslehre, S. 69ff.

[90] *Stolleis*, Verfassungs(ge)schichten, S. 20ff.

[91] Vgl. oben S. 43.

sich kurzfristig über den Verfassungswandel, mittelfristig über die Verfassungsentwicklung und langfristig über die Verfassungsgeschichte.[92]

Der verfassungshistorische Beitrag zur Verfassungstheorie bezieht sich sowohl auf die Mikro- als auch auf die Makro-Ebene. In der verfassungshistorischen Mikro-Perspektive gilt es, die Frage zu beantworten: Welche Verfassungsrelationen wurden zwischen Präambeln, Grundrechten, Verfassungsgütern, Verfassungsprinzipien und Staatsorganisationsrecht in der Verfassungspraxis bisher (nicht) hergestellt? Und von welchen verfassungstheoretischen Alternativentwürfen wurden sie kontrastiert. In der Makro-Perspektive geht es darum, die verfassungshistorischen Koordinaten zu bestimmen, innerhalb derer man das Grundgesetz versteht:[93] Wie lese ich die Verfassung historisch? In den nationalstaatlichen Koordinaten: 1871, 1945, 1990? Oder in den verfassungsstaatlichen Koordinaten: 1849–1919–1933–1949–1989? Die verfassungshistorischen Mikro- und Makro-Perspektiven entwickeln ihre Bezüge in der Verfassungsassemblage dabei jeweils nicht unabhängig voneinander. Assemblagedenken legt vielmehr besonderen Wert auf die Verbindung der Mikro- und der Makro-Ebene.[94] Auch hier entfalten sich Relationen, die der Zuspitzung bedürfen. In vielen Fällen geht diese verfassungshistorische Zuspitzung von der Makro-Ebene aus und zeitigt verfassungsrechtliche Folgen auf der Mikro-Ebene. Dies ist beispielsweise der Fall, wenn mittels eines jeweils verfassungshistorisch aufgeladenen Verständnisses von National- oder Verfassungsstaatlichkeit in der Verfassungsassemblage des Grundgesetzes die Möglichkeiten und Grenzen der europäischen Integration erörtert werden. Doch diese Top-Down-Perspektive ist keineswegs zwingend. Auch eine Bottom-Up-Argumentation ist möglich: Die Verfassungsassemblage des Grundgesetzes eröffnet alternative Normkombinationen, nach denen sich die rechtlichen Möglichkeiten und Grenzen der europäischen Integration gerade aufgrund divergierender verfassungshistorischer Grundverständnisse sehr unterschiedlich darstellen und begründen lassen. Mit Verweis auf die verfassungsgebende Gewalt des deutschen Volkes (Satz 1 Präambel, Art. 146 GG), die Staatsfundamentalnormen (Art. 20 Abs. 1 GG) und die Ewigkeitsgarantie (Art. 79 Abs. 3 GG) werden die rechtlichen Möglichkeiten und Grenzen der europäischen Integration

[92] Vgl. zur Schlüsselfrage des Verfassungswandels oben S. 48.
[93] *Kersten*, JZ 2010, S. 1062 ff.
[94] *DeLanda*, A New Philosophy of Society, S. 17.

restriktiver bestimmt als in der Kombination von europäischem Integrationsversprechen (Satz 1 Präambel, Art. 23 Abs. 1 Satz 1 GG) i. V. m. der verfassungsgebenden Gewalt der Bürger/innen (Art. 1 Abs. 1 i. V. m. Art. 20 Abs. 1 und Art. 146 GG), um hier nur zwei verfassungstheoretische Zuspitzungen für die verfassungsrechtlichen Perspektiven der europäischen Integration zu nennen. Diese alternativen Möglichkeiten, verfassungstheoretisch auf der normativen Mikro-Ebene zu argumentieren, bestätigen zunächst, dass das Assemblagedenken weder verfassungsrechtlich noch verfassungstheoretisch eindimensional ist.

Vor allem aus verfassungshistorischen Gründen ermöglicht eine Verfassungsassemblage nicht nur alternative, sondern auch gegenläufige Zuspitzungen, die einen relativen Transformationszustand der Verfassung stabilisieren, aber auch dynamisieren können.[95] Reflektiert man von diesen verfassungshistorisch informierten Zuspitzungen der Mikro-Ebene auf die verfassungstheoretische Makro-Ebene, eröffnen sich wiederum sehr unterschiedliche Interpretationen und Erklärungen des Grundgesetzes. Man kann es einerseits bei den bereits vorgestellten national- oder verfassungsstaatlichen Zuspitzungen belassen. Es ist in dieser verfassungstheoretischen Bottom-Up-Perspektive aber auch möglich, den europäischen Wandel in der nationalstaatlichen Verfassungsassemblage verfassungshistorisch vollkommen anders einzuordnen: Eine Möglichkeit besteht darin, die verfassungstheoretische Reflexion verfassungshistorisch für vornationalstaatliche Begriffe und Bezüge zu öffnen,[96] um beispielsweise den Souveränitätsbegriff verfassungstheoretisch neu zu profilieren.[97] Eine weitere Möglichkeit eröffnet sich, wenn man die verfassungshistorische Entwicklung des 19. und 20. Jahrhunderts in neuen Transformationsbegriffen und -konzepten verfassungstheoretisch reflektiert, wofür die von Jürgen Habermas vorgeschlagene „postnationale Konstellation“ beispielgebend ist.[98] Die Verfassungsgeschichte bereichert die Verfassungstheorie also vor allem, indem sie in der Verfassungsassemblage historisch veranschaulicht, dass und wie alles auch anders sein kann. Die Verfassungsgeschichte lehrt alternatives Verfassungsdenken.

---

[95] Vgl. oben S. 43.

[96] *Stolleis*, Verfassungs(ge)schichten, S. 18 f., 23 f.

[97] *Grimm*, Souveränität; *Stolleis*, Verfassungs(ge)schichten, S. 43 f.

[98] *Habermas*, Die postnationale Konstellation und die Zukunft der Demokratie, S. 91 ff.

3. Potenzial

Verfassungstheorien haben die Aufgabe, die Verfassung zugespitzt zu lesen und zu erklären. Es kommt der Verfassungstheorie – ganz im Sinn von Peter Glotz – darauf an, in verfassungsrechtlichen Alternativen zu denken und diese zu begründen.[99] Dies entspricht dem demokratischen Pluralismus, der sich in unterschiedlichen Interpretationen und Lektüren des Grundgesetzes niederschlägt. Zugleich sichert dieses „Möglichkeitsdenken" und „pluralistische Alternativendenken", das Peter Häberle als wissenschaftliches Programm einer demokratischen Verfassungstheorie profiliert hat,[100] die Zukunftsoffenheit unserer Verfassung und damit zugleich unserer Gesellschaft: Wir können und müssen das Grundgesetz neu und anders lesen, wenn wir auf die Krisen der Demokratie und der Ökologie, die technischen und kommunikativen Herausforderungen unserer Persönlichkeit und die Gefährdung des sozialen Zusammenhalts unserer Gesellschaft reagieren wollen. Dies ermöglicht es uns verfassungstheoretisch, den Jargon der Alternativlosigkeit schlicht zu überhören, indem wir verfassungstheoretische Alternativen diskutieren, mit denen sich die sozialen und politischen, ökonomischen und ökologischen, kommunikativen und technischen Herausforderungen annehmen lassen. Dabei bildet das Verständnis der Verfassung als einer Assemblage die Grundlage der verfassungstheoretischen Analyse (a) und Konstruktion (b) sowie für unterschiedliche Argumentationsformen und Textsorten (c).

a) Analyse

Das Verständnis der Verfassung als einer Assemblage bildet die Grundlage der verfassungstheoretischen Analyse.[101] Wenn die Verfassung eine Assemblage aus Präambel, Grundrechten, Verfassungsgütern, Verfassungsprinzipien und Staatsorganisationsrecht darstellt, lassen sich in ihr die praktisch herrschenden und theoretisch vorgeschlagenen Zuspitzungen im Spannungsverhältnis von Text, Norm und Wirklichkeit analysieren. Welche methodischen und normativen Relationen stellt eine verfas-

---

[99] Vgl. oben S. 13f.

[100] *Häberle*, AöR 102 (1977), S. 27 (29); vgl. bereits oben S. 14.

[101] *Sassen*, in: dies./Ong, The Carpenter and the Bricoleur, S. 17 (18), zur Assemblage als Analyseinstrument.

sungstheoretische Zuspitzung her? Wie werden Methoden und Normen gewichtet? Welche Methoden werden abgelehnt, welche Normen ausgeblendet? Der Vorteil des Verständnisses der Verfassung als einer Assemblage liegt in diesem Zusammenhang darin, dass methodische, normative und historische Relationen visualisiert werden können. Es lässt sich in der dreidimensionalen Verfassungsassemblage gleichsam nachzeichnen, mit welchen Normen eine Verfassungstheorie methodisch wie argumentiert und welche Normen von ihr wie relationiert werden. Auf diese Weise kann man feststellen, wo in einer praktisch herrschenden oder theoretisch zur Diskussion gestellten Verfassungstheorie die verfassungsrechtliche Musik spielt: Warum liegt beispielsweise in den zugespitzten Lektüren und Erklärungen des Grundgesetzes, die den verfassungstheoretischen und damit auch verfassungsrechtlichen Diskurs der Bundesrepublik bestimmt haben und immer noch bestimmen, der Schwerpunkt des Normverständnisses und der Normrelationen des Art. 20 GG auf dem Demokratie- und dem Rechtsstaatsverständnis? Warum bleibt aber das Republikprinzip bei uns rechtlich so vollkommen unterentwickelt? Warum tun wir uns mit dem Sozialstaatsprinzip nach wie vor so schwer? Und warum findet das Widerstandsrecht überhaupt keine Beachtung? Schon wenn man nur die Regelungen des Art. 20 GG in den Blick nimmt, werden die verfassungstheoretischen Differenzen der Zuspitzungen in der verfassungstheoretischen Analyse unmittelbar *sichtbar.*

b) Konstruktion

Das Verständnis der Verfassung als eine Assemblage bildet die Grundlage der verfassungstheoretischen Konstruktion. Um diese konstruktive Eigenschaft der Verfassungstheorie zu entfalten, gilt es, neue methodische Zugänge zum Verfassungstext zu finden und neue Relationen von Verfassungsnormen zu knüpfen. Dies kann auf der Grundlage der soeben aufgezeigten Analyse der Verfassungsassemblage geschehen: Sie veranschaulicht die „weißen“ und die „blinden“ Flecken im aktuellen Verständnis des Grundgesetzes. Sie zeigt, wie eine verfassungsrechtliche Regelung im Spannungsverhältnis von Text, Norm und Wirklichkeit (nicht) verstanden und in welchen normativen Relationen zu anderen Verfassungsregelungen sie bisher (nicht) gesehen wird. Vor dem Hintergrund dieser Analyse können Verfassungstheorien neue methodische und normative Relationen konstruieren, um soziale und politische, ökonomische und ökologische, kommunikative und technische Herausforderungen anzunehmen. Soweit solche neuen methodischen und normativen Relationen einer Verfassungstheorie die Verfassungspraxis prägen, kommt die Verfassungsdogmatik ins Spiel.[102] Es ist ihre Aufgabe, die neue Verfassungspraxis in verfassungsdogmatischen Regeln zu verallgemeinern, um in vergleichbaren Fällen die Verfassungsanwendung handwerklich zu erleichtern. Das verfassungstheoretische Assemblagedenken ist also keineswegs gegen die Verfassungsdogmatik gerichtet, sondern erlaubt gerade eine innovative Fortentwicklung verfassungsdogmatischen Arbeitens.

Um diese methodischen und normativen Potenziale des Grundgesetzes – gerade auch für die Verfassungspraxis und die an diese anknüpfende Verfassungsdogmatik – zur Geltung zu bringen, können Verfassungstheorien einen weiteren konstruktiven Vorteil des Assemblagedenkens nutzen: Eine Assemblage entfaltet auf der Grundlage ihrer diversen Elemente eine emergente Wirkung.[103] Diese elementare Diversität einer Assemblage bildet nicht nur die interdisziplinäre Basis verfassungstheoretischen Arbeitens.[104] Die Hybridität der Assemblage ermöglicht zugleich eine argumentative und auch mediale Ausdifferenzierung der verfassungstheoretischen Konstruktion.[105] Ein Beispiel für die interdisziplinäre Ausdifferenzierung methodischer Relationen bildet die kulturwissenschaftliche Interpretation und Erklärung von Verfassungsnormen. Während die deutsche Staatsrechtslehre die Neue Sachlichkeit der Sprache des Grundgesetzes in der Abgrenzung von der Weimarer Reichsverfassung und jeder Form der „Verfassungslyrik" feiert,[106] zeigt etwa Peter Sloterdijk in seinem *Versuch über das Grundgesetz* als einer *Fast heiligen Schrift*, wie das Grundgesetz nach den deutschen Verbrechen gegen die Menschlichkeit die sprachliche Sachlichkeit mit einem alltäglichen Verständnis von Menschenwürde verbindet.[107] Hier erschließt eine kulturwissenschaftliche Lektüre und Erklärung das Grundgesetz sehr viel sensibler und konstruktiver als eine

---

[102] Vgl. oben S. 25.

[103] Vgl. oben S. 41 ff.

[104] Vgl. oben S. 30 ff.

[105] Vgl. zur Hybridität des Assemblagedenkens *Acute/Curtis*, Assemblage Thinking and International Relations, S. 1 (2); *DeLanda*, A New Philosophy of Society, S. 3.

[106] *Graf Vitzthum*, in: Depenheuer/Grabenwarter, Verfassungstheorie, § 10, Rn. 20 ff.; vgl. unten S. 82 f.

[107] *Sloterdijk*, Fast heilige Schrift, S. 291 ff.

Staatsrechtslehre, die mit dem Gestus sprachlicher Überlegenheit Zensuren für die Weimarer Reichsverfassung und das Grundgesetz vergibt.[108]

Zugleich eröffnet das Verständnis des Grundgesetzes als Assemblage auch vollkommen neue Möglichkeiten der medialen Visualisierung von Verbindungen von Verfassungsnormen. Hier zeigt beispielsweise die von Oliver Wurm und Andreas Volleritsch anlässlich des 70. Geburtstags des Grundgesetzes publizierte Textausgabe unserer Verfassung, wie man schon auf der Ebene des Textdesigns und der Bildcollage zugespitzte Normrelationen erzeugen kann.[109] Auf dieser Grundlage lohnt es sich, über die mediale Entfaltung der Verfassung als Assemblage weiter nachzudenken: Warum glauben wir Juristinnen und Juristen, das Grundgesetz nur als kommentierungskompatible „Bleiwüste" schätzen zu können? Doch diese Bleiwüste lässt sich medial beleben. Schon die ungewohnte Druckfassung des Grundgesetztextes bei Wurm und Volleritsch erfrischt den Blick für neue Normbedeutungen und Normrelationen. So lässt sich an eine sehr viel stärkere Verbindung von Text, Bild, Film, Literatur, Kunst und insbesondere zeitgeschichtliche Zeugnisse denken; beispielsweise an *oral histroy* mit Blick auf die Verfassungsgebung, Verfassungspraxis und Verfassungsfälle, die das Verständnis des Grundgesetzes besonders geprägt haben: Elfes,[110] Lüth,[111] Ostverträge,[112] Schwangerschaftsabbruch,[113] Deutscher Herbst,[114] Flick,[115], Brokdorf,[116] „konstruktive" Misstrauensanträge[117] und „unechte" Vertrauensfragen,[118] Maastricht[119] und Lissabon.[120] Aber ein Verständnis der Verfassung als Assemblage eröffnet uns auch die Möglichkeit, die Verfassung i. V. m.

---

[108] *Kersten*, Die Prosa der Verfassung, S. 175 ff. m.w.N.

[109] *Wurm/Volleritsch*, GG.

[110] BVerfGE 6, 32 ff. [1957] – Elfes.

[111] BVerfGE 7, 198 ff. [1958] – Lüth.

[112] BVerfGE 40, 141 ff. [1975] – Ostverträge.

[113] BVerfGE 39, 1 ff. [1975] – Schwangerschaftsabbruch I; BVerfGE 88, 203 ff. [1993] – Schwangerschaftsabbruch II.

[114] BVerfGE 46, 160 ff. [1977] – Schleyer; BVerfGE 49, 24 ff. [1978] – Kontaktsperre.

[115] BVerfGE 67, 100 ff. [1984] – Flick.

[116] BVerfGE 69, 315 ff. [1985] – Brokdorf.

[117] *Böckenförde*, AöR 97 (1967), S. 253 f.; *Baring*, Machtwechsel, S. 396 ff.

[118] BVerfGE 61, 1 ff. [1983] – Bundestagsauflösung I; BVerfGE 114, 107 ff. [2005] – Bundestagsauflösung II.

[119] BVerfGE 89, 155 ff. [1993] – Maastricht.

[120] BVerfGE 123, 267 ff. [2009] – Lissabon.

ihren Gegenständen und Orten zu interpretieren und zu erklären: von Herrenchiemsee über das Museum König, eine Schule, ein Wasserwerk, einen Glasbau bis zum Reichstagsgebäude.[121] Diese Möglichkeiten, die verfassungstheoretische Konstruktion der Assemblage des Grundgesetzes medial neu zu fundieren, trifft mit einem digitalen Wandel juristischer Argumentation zusammen.[122] An dessen medialem Horizont kündigt sich bereits der nächste, visuelle Medienwandel an, der mit Augmented und Virtual Reality sowohl die politische Verfassungspraxis als auch die verfassungstheoretische Argumentation weiter verändern wird.[123]

c) Textsorten

Die Notwendigkeit der Zuspitzung in der Verfassungstheorie kann ihr analytisches und konstruktives Potenzial in sehr unterschiedlichen Textsorten unter Beweis stellen: Das kritische Potenzial der Verfassungstheorie lässt sich am Beispiel der Verfassung der Natur veranschaulichen (IV.). Das experimentelle Potenzial zeigt sich in der riskanten Frage nach der Ästhetik der Verfassung (V.). Das konfliktreiche Potenzial schlägt sich im engagierten Streit mit antidemokratischen Verfassungstheorien nieder (VI.). Das synthetische Potenzial der Verfassungstheorie reflektiert den Zeitgeist der Gesellschaft der Repräsentationen (VII.).

---

121 *Arndt*, Demokratie als Bauherr, S. 217 ff.; *ders.*, Das zeitgerechte Parlamentsgebäude, S. 238 ff.; *Battis*, Demokratie als Bauherrin; *Kersten*, Parlamentskunst, S. 149 (151 ff.).

122 *Kersten*, JuS 2015, S. 481 ff.

123 *Kersten*, Realitätsverschiebungen.

IV. Kritik: Die Verfassung der Natur

Das Verständnis des Grundgesetzes als zuspitzungsbedürftige Verfassungsassemblage eröffnet die Möglichkeit der verfassungstheoretischen Kritik. Angesichts sozialer und politischer, ökonomischer und ökologischer, kommunikativer und technischer Herausforderungen sind die vorherrschenden Interpretationen und Erklärungen des Grundgesetzes kritisch zu hinterfragen. Zugleich lassen sich neue methodische und normative Relationen in der grundgesetzlichen Verfassungsassemblage entdecken, um diese Herausforderungen konstruktiv anzunehmen. Ein verfassungstheoretisches Beispiel für eine solche Kritik des Grundgesetzes ist die Frage nach der Verfassung der Natur.

1. Ancien Régime: Natur hat man zu haben

Wir leben im Zeitalter des Anthropozän, in dem der Mensch selbst zu einer Naturgewalt geworden ist.[1] Artensterben, Globalvermüllung und Klimawandel stehen nur stellvertretend für unsere ökologische Entgleisung. Bereits Max Weber hat klar formuliert, wohin diese katastrophale Entwicklung führen wird: „Als ich einmal" – so berichtet Werner Sombart – „mit Max Weber über die Zukunftsaussichten sprach und wir die Frage aufwarfen: wann wohl der Hexensabbat ein Ende nehmen würde, den die Menschheit in den kapitalistischen Ländern seit dem Beginne des 19. Jahrhunderts aufführt, antwortete er: ‚Wenn die letzte Tonne Erz mit der letzten Tonne Kohle verhüttet sein wird.'"[2] Diese nur allzu reale Prophezeiung hat Bruno Latour noch weiter zugespitzt: Wir könnten uns das Ende der Natur und der Welt vorstellen, nicht aber das Ende unserer kapitalistischen Wirtschaftsform, mit der unsere wohlstandsgesellschaft-

[1] *Crutzen*, Nature 415 (3.1.2002), S. 23; *Kersten*, Das Anthropozän-Konzept, S. 15 ff.

[2] *Sombart*, Der moderne Kapitalismus, S. 1010; vgl. ferner *M. Weber*, Die protestantische Ethik und der Geist des Kapitalismus, S. 17 (203).

liche Lebensweise untrennbar verbunden ist.[3] So leben wir nach dem Grundsatz: Natur hat man zu haben. Zwar reden wir uns ein, wir würden genug für die Umwelt tun: Stehen denn nicht „überall" Windräder? Verbieten wir nicht Plastiktüten? Siedeln wir nicht wieder Wölfe an? Schützen wir nicht Bienenvölker durch Volksbegehren? Arbeiten wir nicht an der Energie- und Verkehrswende? Und „entsorgen" wir nicht gerade unseren Atommüll, der fünfzig Jahre zur „Erzeugung und Nutzung der Kernenergie zu friedlichen Zwecken" (Art. 73 Abs. 1 Nr. 14 GG) gedient hat, für einen „Zeitraum von einer Million Jahren" (§ 1 Abs. 2 Satz 2 StandAG)? Ja, das stimmt, und dennoch wissen wir: Wir müssen unser Leben ändern, wenn wir die ökologischen Krisen und Katastrophen, die wir selbst ausgelöst haben und gegenwärtig erleben, auch nur abmildern wollen. Doch der Satz „Du musst Dein Leben ändern!"[4] gehört individuell und kollektiv zu den schwersten Forderungen der praktischen Philosophie und verantwortungsvollen Politik.

Deshalb kommt es darauf an, auch verfassungsrechtliche „Dämme gegen die Selbstzerstörung"[5] zu errichten. Aber darauf sind wir nicht vorbereitet:[6] Unsere Verfassungsordnung versteht die Natur als ein Objekt, das bewahrt werden soll: Der Staat schützt auch in Verantwortung für die künftigen Generationen, die natürlichen Lebensgrundlagen und die Tiere im Rahmen der verfassungsmäßigen Ordnung durch die Gesetzgebung und nach Maßgabe von Gesetz und Recht durch die vollziehende Gewalt und die Rechtsprechung (Art. 20a GG). Diese Staatszielbestimmung „Umweltschutz" wurde 1994 in das Grundgesetz aufgenommen und 2002 um den Tierschutz ergänzt. Zwar versteht Art. 20a GG seinen Anwendungsbereich grundsätzlich weit. Neben den Tieren werden alle Umweltmedien geschützt: Boden und Wasser, Landschaften und Ökosysteme, Luft und Klima.[7] Doch nach dem Willen des verfassungsändernden Gesetzgebers schützt Art. 20a GG die Umwelt „nur" objektiv-rechtlich. Weder Natur noch Menschen sollen nach dem Willen des verfassungsändernden Gesetzgebers unmittelbar aus Art. 20a GG subjektive Rechte ab-

---

[3] *Latour*, The Affects of Capitalism.

[4] *Rilke*, Archaïscher Torso Apollos; vgl. hierzu *Sloterdijk*, Du mußt dein Leben ändern, insbesondere S. 37 ff.

[5] *v. Krockow*, Politik und menschlichen Natur, S. 122.

[6] *Kersten*, APuZ 11/2020, S. 27 ff.; *ders.*, Das Anthropozän-Konzept, S. 81 ff.

[7] *Jarass*, in: ders./Pieroth, GG, Art. 20a, Rn. 3.

leiten können.[8] Schon die Formulierung des Staatsziels „Umweltschutz" veranschaulicht im Wortlaut des Art. 20a GG, welche Angst der verfassungsändernde Gesetzgeber vor der Natur hat. Es hätte eigentlich vollkommen genügt, in einer Staatszielbestimmung „Umweltschutz" festzuhalten, dass die natürlichen Lebensgrundlagen und die Tiere zu schützen sind. Stattdessen fügt Art. 20a GG noch hinzu, dass dies nur im Rahmen der verfassungsmäßigen Ordnung und nach Maßgabe von Gesetz und Recht durch Legislative, Exekutive und Judikative erfolgen soll. Eigentlich ist das eine verfassungsrechtliche Selbstverständlichkeit. Doch der verfassungsändernde Gesetzgeber spricht es noch einmal ausdrücklich in Art. 20a GG aus, weil er befürchtet, dass die natürlichen Lebensgrundlagen und die Tiere ein normatives Eigenleben in unserer Verfassungsordnung entwickeln könnten. „Welchen Beitrag leistet das Grundgesetz zum Umweltschutz?" fragt Andreas Voßkuhle und antwortet: „Nüchtern ist festzuhalten: Der Befund ist eher mager!"[9]

Angesichts der ökologischen Herausforderungen, vor denen wir heute mit Artensterben, Globalvermüllung und Klimawandel stehen, gilt diese Einschätzung auch mit Blick auf die zentralen Konzepte, die sich im Kontext des Art. 20a GG für den Natur- und Umweltschutz entwickelt haben: die Risikogesellschaft und das Nachhaltigkeitsprinzip.

Das Konzept der Risikogesellschaft wurde nach der Reaktorkatastrophe von Tschernobyl im Jahr 1986 zunächst von Ulrich Beck profiliert[10] und sodann zur Beschreibung einer Weltrisikogesellschaft weiterentwickelt:[11] Risiken sind für unsere Gesellschaft zu risikoreich geworden, was Beck auf die einprägsame Formel von der „neue[n] Riskantheit des Risikos"[12] gebracht hat. Das Problem dieser inzwischen schon sprichwörtlichen Rede von der „Risikogesellschaft" liegt jedoch darin, dass wir uns längst an sie gewöhnt haben. Wir nehmen Gefahren und Störungen wie das Artensterben und den Klimawandel, die globale Vermüllung

---

[8] BT-Drs. 12/6000, S. 67; BVerwG, NJW 1995, S. 2648 (2649); NVwZ 1998, S. 1081; hierzu *Kersten*, Who Needs Rights of Nature?, S. 9 (11 f.); *ders.*, APuZ 11/2020, S. 27 ff.

[9] *Voßkuhle*, NVwZ 2013, S. 1 (8).

[10] *Beck*, Risikogesellschaft, S. 7 ff., 25 ff., 67 ff., 300 ff.

[11] *Beck*, Weltrisikogesellschaft, S. 19 ff., 24 ff.; *ders.*, Die Neuvermessung der Ungleichheit unter den Menschen, S. 55 f.

[12] *Beck*, Weltrisikogesellschaft, S. 24 (Klammerzusatz durch den Verfasser).

und die atomare Verseuchung „nur" als Risiken wahr, also als Ereignisse, deren Eintritt nicht wahrscheinlich, aber auch nicht vollkommen ausgeschlossen ist. Doch das ist eine Fehlwahrnehmung: Wir leben nicht in einer Weltrisikogesellschaft, sondern in einer globalen Gefahrengemeinschaft, in der sich die Naturzerstörung längst realisiert (hat). Deshalb stehen wir heute vor der Frage: Welche Gesellschaft folgt auf die Risikogesellschaft?

Das Prinzip der Nachhaltigkeit entstammt bekanntlich der Ressourcenbewirtschaftung des 17. und 18. Jahrhunderts.[13] Über den Brundtland-Bericht *Our Common Future* (1987) hat es sich zu einem ethischen und rechtlichen „Weltprinzip" entwickelt: „Sustainable Development seeks to meet the needs and aspirations of the present without compromising the ability to meet those of the future."[14] Heute herrscht ein dreidimensionales Begriffsverständnis von Nachhaltigkeit vor: Es soll ein angemessener und damit verhältnismäßiger Ausgleich von sozialen, ökonomischen und ökologischen Interessen hergestellt werden, der zugleich auch die Interessen künftiger Generationen berücksichtigt (Drei-Säulen-Modell).[15] Aber so begrüßenswert die Entwicklung des Nachhaltigkeitsgrundsatzes zu einem Prinzip globaler Ethik auch sein mag, darf auch dessen grundlegendes Problem nicht übersehen werden: Über das progressive Artensterben, den dynamischen Klimawandel, die Vermüllung der Welt und der Meere sowie den Umgang mit Atommüll lässt sich schlicht nichts Nachhaltiges sagen. In diesen – wie in vielen weiteren – Bereichen haben wir längst den Punkt verpasst, an dem das letztlich konservative Nachhaltigkeitsprinzip noch hätte greifen können. Deshalb drängt sich die Frage auf: Was kommt nach der Nachhaltigkeit?

Bei dieser ökologischen Unterbilanz unserer Verfassung muss es aber keineswegs bleiben. Um die Verfassungsassemblage des Grundgesetzes mit Blick auf den Schutz von Umwelt und Natur etwas phantasievoller, konstruktiver und zukunftsoffener zu entfalten, wäre es schon ein Fortschritt, wenn die deutsche Verfassungstheorie die interdisziplinären Debatten überhaupt wahrnehmen würde, die in den Naturwissenschaften und den Environmental Humanities über eine anthropozäne Verfassung

---

[13] *Mauch*, Mensch und Umwelt, S. 21 ff.

[14] *World Commission on Environment and Development*, Our Common Future, S. 39.

[15] *Kahl*, Einleitung: Nachhaltigkeit als Verbundbegriff, S. 1 (8 ff.).

der Natur geführt werden. Ist ein neuer globaler Nachhaltigkeitsvertrag für eine große Transformation notwendig?[16] Was ist vom Konzept des Post-Antropocene-Leviathan der Erdsystemanalyse zu halten?[17]

2. Vom „Rechtsstaat der Natur" zum „Verfassungsrecht der Erde"?

Doch den wohl provokantesten Beitrag zur anthropozänen Verfassungstheorie hat Bruno Latour vorgelegt, indem er sein Konzept des „Rechtsstaats der Natur" zu einem „Verfassungsrecht der Erde" weiterentwickelt hat:[18] Den „Rechtsstaat der Natur"[19] hat Latour in seiner Programmschrift *Das Parlament der Dinge* (frz. 1999/dt. 2001) auf der Grundlage seiner Akteur-Netzwerk-Theorie (ANT) entworfen. Nicht nur Menschen, sondern auch Tiere und Pflanzen, Ozonloch und Klima sind Akteure, die sich über ihre „Thing Power"[20] in die gesellschaftliche Kommunikation einbringen. Dies nimmt Latour in seinem Konzept des „Rechtsstaats der Natur" auf, der durch ein Oberhaus und ein Unterhaus konstituiert wird:[21] Das Oberhaus entscheidet darüber, wer als Akteur anzuerkennen ist, also Mitglied des neuen politischen Kollektivs aus menschlichen und nicht-menschlichen Akteuren wird. Das Unterhaus entscheidet sodann über die Interessenkonflikte, die zwischen den anerkannten Akteuren bestehen. Es ist mit Blick auf die Beantwortung der anthropozänen Verfassungsfrage sicherlich positiv zu bewerten, dass die bisher nicht repräsentierte Natur im Parlament der Dinge eine politische Stimme erhält.[22] Allerdings muss sich Latours Konzept des „Rechtsstaats der Natur" auch sehr grundlegenden Einwänden stellen: So soll das Oberhaus neue Akteure anerkennen, indem es Carl Schmitts „Freund-Feind-

---

[16] *Wissenschaftlicher Beirat der Bundesregierung Globale Umweltveränderung*, Welt im Wandel.

[17] *Schellnhuber/Crutzen/Clark/Hunt*, Environment 47/8 (10.10.2005), S. 11 (24).

[18] *Kersten*, Die Rechte der Natur und die Verfassungsfrage des Anthropozän, S. 87 (97 ff.).

[19] *Latour*, Das Parlament der Dinge, S. 225, 156, 279.

[20] *Bennett*, Vibrant Matter. S. 2.

[21] *Latour*, Das Parlament der Dinge, S. 210 ff.

[22] *Fischer-Lescano*, ZUR 2018, S. 205 (208, 211).

Frage“ beantwortet.[23] Die Unterscheidung zwischen Freund und Feind, in der Schmitt die existenzialistische Definition des „Politischen“ sieht, passt jedoch nicht zu Latours Konzept des „Rechtsstaats der Natur“:[24] Bei Schmitt wird der Feind schlicht vernichtet.[25] Demgegenüber kann der Akteur, dem die Anerkennung im „Rechtsstaat der Natur“ durch das Oberhaus verweigert wird, diese Entscheidung gerichtlich überprüfen lassen und muss gegebenenfalls in neuen Konstellationen in das Akteurkollektiv aufgenommen werden.[26] Mit anderen Worten: Wie jeder Rechtsstaat kommt auch der „Rechtsstaat der Natur“ sehr gut ohne Carl Schmitt aus. Aber auch die Konzeption des Unterhauses wirft aus juristischer Perspektive theoretische Probleme auf: Latour geht davon aus, dass sich die konfligierenden Interessen hierarchisch ordnen lassen,[27] die aber eigentlich nur heterarchisch im Einzelfall abwägbar sind.

Das „Verfassungsrecht[...] der ERDE“[28], das Latour in *Kampf um Gaia* (frz. 2015/dt. 2017) entwickelt, nimmt Ideen des „Rechtsstaats der Natur“ auf und entwickelt diese vor allem unter dem Eindruck der sich zuspitzenden Klimakatastrophe fort. Es mag (auch) der zunehmend eskalierenden Auseinandersetzung mit politischen und wissenschaftlichen Klimaleugnerinnen und Klimaleugnern geschuldet sein, dass Latour seinen Entwurf eines „Verfassungsrechts der Erde“ durch eine noch intensivere Schmitt-Rezeption zuspitzt. Latour rekurriert auf „den toxischen und gleichwohl unentbehrlichen Carl Schmitt (1888–1985). Mit dem Nazi-Juristen ist es wie mit Gift, das man im Labor verwahrt für den Fall, daß man ein aktives Prinzip braucht, das stark genug ist, anderen, noch gefährlicheren Giften entgegenzuwirken: Alles eine Frage der Dosierung! Im vorliegenden Fall sind die Drogen, denen wir entgegenzuwirken haben, so stark, daß ich Sie auffordere, sich ganz bewußt durch winzige Dosen Schmitt dagegen zu immunisieren.“[29] Ganz konkret geht es Latour um

---

[23] *Latour*, Das Parlament der Dinge, S. 190, 225 ff., 261 f., 288; ferner *ders.*, ebd., S. 227, 346, 350, zur Rezeption von *Carl Schmitts* Begriff des Politischen; vgl. auch *Schmitt*, Der Begriff des Politischen, S. 26 f.

[24] *Kersten*, Das Anthropozän-Konzept, S. 63 f.

[25] *Schmitt*, Der Begriff des Politischen, S. 33, 46, 49,70.

[26] *Latour*, Das Parlament der Dinge, S. 166, 187, 201 f., 207, 127, 235, 246, 249 f., 288.

[27] Ebd., S. 211, 220 ff., 229 f., 256.

[28] *Latour*, Kampf um Gaia, S. 432 (Zitat [Klammerzusatz durch den Verfasser]), 450, 452.

[29] Ebd., S. 386 (Zitat), 389.

die „richtige Dosierung“ von Carl Schmitts Schrift *Der Nomos der Erde*, um im Krieg[30] der „Modernen“ mit den „Erdverbundenen“[31] wiederum die politische Freund-Feind-Frage zu stellen.[32] Latour möchte den Krieg durch eine neue Form des konkreten Ordnungsdenkens beenden.[33] Dieses soll mit einem erdvereinnahmenden „Versprechen der Friedfertigkeit“[34] Schmitts Konzept der „Landnahme“ umkehren:[35] Schmitt könne sich – so Latour – „nicht vorstellen, daß *Landnahme* zu bedeuten beginnt: *Vereinnahmung durch die ERDE*. Dies ändert alles. Während MENSCHEN als diejenigen definiert sind, die die Erde nehmen, sind die ERDVERBUNDENEN jene, die *von ihr vereinnahmt werden*. In beiden Fällen ist die ERDE weiterhin MUTTER ihres Rechts, doch ist es *nicht dieselbe Mutter, nicht dasselbe Recht*, und deshalb sind es auch *nicht dieselben Menschen* – sie sind nicht mehr derselben Scholle entwachsen, demselben Humus, demselben Kompost, kurzum: ihre Komposition ist nicht dieselbe.“[36] So steht Latours Beantwortung der anthropozänen Verfassungsfrage unter dem Schmittschen Motto: „Die *Erde* wird in mythischer Sprache die Mutter des Rechts genannt. [...] Das Recht ist erdhaft und auf die Erde bezogen. Das meint der Dichter, wenn er von der allgerechten Erde spricht und sagt: *justissima tellus*.“[37] Diese Verbindung von Erde und Recht solle – so Latour – sodann in Netzwerken erfolgen.[38] Die „verfassungsgebende Qualität“[39] dieser Netzwerke werde sich in einer repräsentativen Demokratie

[30] Ebd., S. 269, 383 ff., 401 f.

[31] Ebd., S. 418 f., 424 f.

[32] Ebd., S. 269, 274, 379 ff., 398 ff., 414 f.

[33] *Schmitt*, Der Nomos der Erde im Völkerrecht des Jus Publicum Europeum, S. 39 f.; vgl. hierzu *Loughlin*, Politonomy, S. 124 (135 ff.).

[34] *Schmitt*, Der Nomos der Erde im Völkerrecht des Jus Publicum Europeum, S. 6: „Das Denken der Menschen muß sich wieder auf die elementaren Ordnungen ihres terrestrischen Daseins richten. Wir suchen das Sinnreich der Erde. Das ist das Wagnis dieses Buches und das Vorgebot unserer Arbeit. Es sind die Friedfertigen, denen das Erdreich versprochen ist. Auch der Gedanke eines neuen Nomos der Erde wird sich ihnen nur erschließen.“ – vgl. hierzu *Latour*, Kampf um Gaia, S. 395 ff., 431.

[35] *Latour*, Kampf um Gaia, S. 443, 464, 470 f., 487.

[36] Ebd., S. 423 (Hervorhebungen im Original).

[37] *Schmitt*, Der Nomos der Erde im Völkerrecht des Jus Publicum Europeum, S. 13 (Hervorhebung im Original; Klammerzusatz durch den Verfasser); vgl. hierzu *Latour*, Kampf um Gaia, S. 11, 263, 386 f., 421, 476.

[38] *Latour*, Kampf um Gaia, S. 425.

[39] Ebd., S. 450 (Zitat), 452.

der ganzen Vielfalt „erdverbundener“ Akteure entfalten,[40] die in Form von Rückkopplungsschleifen (re)agieren.[41] Im Zeitalter des Anthropozäns zu leben heiße, „eine seltsame und schwierige *Machtbeschränkung* zugunsten GAIAS hinzunehmen und sie als säkulare Aggregation aller Akteure zu erachten, die der Nachvollzug der Rückkopplungsschleifen erkennbar macht.“[42]

Dieser Versuch Latours, das Konzept des „Rechtsstaats der Natur“ zu einem „Verfassungsrecht der Erde“ weiterzuentwickeln, wird zwar mit einer weltweiten Ausstrahlungswirkung rezipiert und diskutiert, lässt mich persönlich jedoch vollkommen ratlos zurück:[43] Die Kreuzung der Esoterik des Gaia-Konzepts mit dem erdigen Ordnungsdenken Carl Schmitts kann die Verfassung des Anthropozän weder begründen noch tragen. Die antiliberalen und radikalen Positionen und Begriffe Carl Schmitts lassen sich nicht „dosieren“ oder selektiv rezipieren.[44] Man bekommt immer den ganzen Schmitt. Wer es sich wie Latour aber dennoch zutraut, Schmitt (selektiv) „beherrschen“ zu können, muss im vorliegenden Kontext die Fragen beantworten: Wie lässt sich die existentielle Freund-Feind-Unterscheidung zwischen „Modernen“ und „Erdverbundenen“ konkret überwinden? Wie werden die Erdverbundenen demokratisch repräsentiert? Wie entscheidet man in Form von Rückkopplungsschleifen in der konkreten Erdordnung? Die Schmittschen Antworten auf diese Fragen lauten: Vernichtung,[45] Homogenität,[46] Ordnung.[47] Doch wie lauten die Antworten Latours im Übergang von seinem „Kompositionistischen Manifest“[48] zu seinem „Terrestrischen Manifest“[49]: Vernetzung, Vielfalt, Rückkopplung? Doch vor allem begleitet die Lektüre

[40] Ebd., S. 444 ff., 474 f.

[41] Ebd., S. 473.

[42] Ebd., S. 475 f. (Hervorhebung im Original).

[43] *Kersten*, Die Rechte der Natur und die Verfassungsfrage des Anthropozän, S. 87 (100 ff.).

[44] Vgl. unten S. 117 f.

[45] *Schmitt*, Der Nomos der Erde im Völkerrecht des Jus Publicum Europeum, S. 33, 46, 49, 70.

[46] *Schmitt*, Die geistesgeschichtliche Lage des heutigen Parlamentarismus, S. 14; *ders.*, Verfassungslehre, S. 232 f.

[47] *Schmitt*, Über die drei Arten des rechtswissenschaftlichen Denkens, S. 10 ff.

[48] *Latour*, NLH 41 (2010), S. 471 ff.; *ders.*, ZTS 1/2013, S. 8 ff.; *ders.*, Kampf um Gaia, S. 402.

[49] *Latour*, Das terrestrische Manifest.

von *Kampf um Gaia* eine tiefreichende theoretische Verunsicherung: Wie viele toxische Spurenelemente des nach Latour angeblich „unentbehrlichen" „Nazi-Juristen" Carl Schmitt stecken in diesen Begriffen? Gelingt die „Immunisierung" gegenüber dem NS-Gift, die Latour verspricht? Oder durchsetzt dieses NS-Gift nicht vielmehr das ganze „Verfassungsrecht der Erde"? Diese Verunsicherung besteht vor allem hinsichtlich der Frage, wer in die Vernetzung eingeschlossen bzw. von ihr ausgeschlossen wird. Gerade hier muss die Gewährleistung der Vielfalt durch das „Verfassungsrecht der Erde" zu einem zentralen Problem werden, wenn sich Latour mit Schmitt auf einen Theoretiker substanzieller Homogenität beruft, die auf eine Vernichtung des Heterogenen zielt. Theoretische Zweifel bestehen auch gegenüber dem Konzept der repräsentativen Rückkopplungen. Diese wurden bereits im Hinblick auf das *Parlament der Dinge* formuliert. Doch weil Latour seine Schmitt-Rezeption in seinem *Kampf um Gaia* intensiviert hat, stellen sie sich jetzt noch zugespitzter. Letztlich lässt sich nur festhalten, dass man die anthropozäne Verfassungsfrage nicht im Rückgriff auf ein konkretes Ordnungsdenken beantworten kann, das für das „Verfassungsrecht der Erde" auf die Formel setzt: Es (Gaia) entscheidet sich. Die Einwände gegen dieses Konzept liegen zunächst in seinem theoretischen Design: Wenn Carl Schmitt, der die nationalsozialistische Diktatur und Gewaltherrschaft juristisch und rassistisch gerechtfertigt hat,[50] Angebote der Friedfertigkeit unterbreitet, sollte man diese nicht mit Latour theoretisch vollkommen naiv annehmen, sondern diesen grundsätzlich misstrauen. Zugleich fällt es aber auch schwer, einen Punkt in der Verfassungsassemblage des Grundgesetzes zu finden, bei dem eine verfassungsrechtliche Umsetzung von Latours Version konkreten Ordnungsdenkens ansetzen könnte. Zwar ließe sich durchaus vorstellen, ökologische Formen der Repräsentation im parlamentarischen Raum des Bundestags und im exekutivföderalen Forum des Bundesrats zu etablieren, damit beispielsweise auch eine „Delegation des WALDS"[51] zumindest empfangen werden kann. Doch letztlich zielt Latours Konzept des konkreten Ordnungsdenkens, auf eine Überwindung von Sein und Sollen,[52] also den Flow einer politischen Ökologie, die sich – ungeachtet ihrer verfassungsrechtlichen Metaphern – einer verfassungstheoretischen

---

[50] *Hofmann*, Legitimität gegen Legalität, S. 177 ff.; *Mehring*, Carl Schmitt, S. 303 ff.

[51] *Latour*, Kampf um Gaia, S. 444.

[52] *Latour*, Das Parlament der Dinge, S. 167, 216, 237, 180 f.

Rekonstruktion entzieht. Zugleich weist aber die Auseinandersetzung mit dem „Verfassungsrecht der Natur" sehr deutlich darauf hin, wo man eine verfassungstheoretische Antwort auf die anthropozäne Verfassungsfrage suchen und finden kann: im Liberalismus, also in der politischen Denk- und Geisteshaltung, die Carl Schmitt wie keine andere abgelehnt hat.[53]

3. Ökologischer Liberalismus

Der ökologische Liberalismus setzt auf eine Anerkennung der Rechte der Natur, die sich verfassungstheoretisch vollkommen problemlos in der Verfassungsassemblage des Grundgesetzes entfalten lassen:[54] Neben menschlichen, sozialen und ökonomischen Rechtssubjekten kann das Grundgesetz auch ökologische Rechtssubjekte anerkennen. Tiere, Pflanzen und Landschaften, Wasser, Luft und Klima verfügen im ökologischen Liberalismus über subjektive Rechte, mittels derer sie ihre rechtlich geschützten Interessen selbst wahrnehmen können.

Die Anregungen für die theoretische Entfaltung eines ökologischen Liberalismus in der Verfassungsassemblage des Grundgesetzes kommen ebenfalls aus dem interdisziplinären Diskurs der Environmental Humanities. So setzt sich auch Peter Sloterdijk in seinem Aufsatz über *Das Anthropozän* als einem *Prozess-Zustand am Rande der Erd-Geschichte* mit Bruno Latours Schrift *Kampf um Gaia*[55] auseinander und geht dabei ebenfalls auf die anthropozäne Verfassungsfrage ein: „Die anthropozänische Situation erfordert eine neue Verfassungsdebatte, die im besten Fall in einem nicht-leviathanischen Ordnungs-Prozess resultiert – besser in einem Geflecht solcher Prozesse. In ihr werden nicht nur die Verfassungsorgane und die Rechte-Träger im Rahmen eines neu zu gründenden politischen Verhältnisses namens ‚Erdenbürgertum' definiert, auch die Einberufung des erdenbürgerlichen Kollektivs als solchem ist in diversen Formaten neu zu vollziehen, diesseits und jenseits der Allgemeinen Erklärung der Menschenrechte. Dass diese Vorgänge einer Titanomachie gleichen werden, ist abzusehen. In ihr dürften die Erdenbürger sich sammeln unter dem von

[53] *Holmes*, The Anatomy of Antiliberalism, S. 37 ff.

[54] *Kersten*, EurUP 2016, S. 312 ff.; *ders.*, APuZ 11/2002, S. 27 (2 ff.); *ders.*, Die Rechte der Natur und die Verfassungsfrage des Anthropozän, S. 87 (101 ff.); kritisch *Franzius*, EurUP 2019, S. 498 (501 ff.).

[55] *Latour*, Kampf um Gaia, S. 251 ff.; hierzu bereits oben S. 69 ff.

dem Dichter Friedrich Grabbe 1836 lancierten Schlachtruf: ‚Nichts als nur Verzweiflung kann uns noch retten!'"[56] Doch für Verzweiflung besteht eigentlich kein Anlass. Sloterdijk selbst verweist auf die Allgemeine Erklärung der Menschenrechte und damit auf ein Dokument des demokratischen und rechtsstaatlichen Optimismus, der die anthropozäne Verfassungsdebatte tragen kann. Ganz in diesem Sinn deutet Sloterdijk an, dass sich die anthropozäne Verfassung in einem neuen Verständnis von Rechtsträgern niederschlagen wird, dessen soziale und rechtliche Dynamik er jedoch kritisch sieht und ambivalent beschreibt: „Nur in dem neuzeitlich erregten Europa, das bereits von Selbstverstärkungsspiralen aller Art erfasst war, konnte die scheinbar triviale, in Wahrheit abenteuerlich kühne Vorstellung aufkommen, Menschen seien von Natur aus Wesen, denen unentäußerbare Rechte zukommen – ja, das Leben selbst sei nichts anderes als die Erfolgsphase der Geltendmachung von Rechten durch deren Inhaber. Gewiss suchen Menschen von alters her Schutz in lokalen Konstruktionen von Gerechtigkeit – aber nur in Europa, im Mutterland der Matthäus-Effekte, konnte sich der Zirkel entfalten, der aus dem Meta-Recht schlechthin, dem ‚Recht, Rechte zu haben' hervorging – um eine Formulierung Hannah Arendts zu zitieren. Sie bringt den Keim der Ausweitung der Rechtszone in aller Deutlichkeit auf den Begriff. Nur in einer Zivilisation, in der das Recht auf das Haben von Rechten zur inneren Haltung und zur von staatlichen Organen getragenen Institution geworden war, konnte sich die Spirale ständiger erweiterter Verrechtlichung in Gang setzen, die für die europäische Sozialdynamik in den letzten Jahrhunderten durch und durch typisch geworden ist. Diese Ausweitung der Rechtsanspruchszone wirft freilich einen wachsenden, problematischen Schatten. Durch die intensive Wechselwirkung der entgrenzten Rechte-Macherei mit dem gargantuesken Selbstverstärkungssystem der Staatlichkeit entsteht in unseren Tagen ein Monstrum an nationaler und übernationaler Regulierungs-Juristerei, für das die Geschichte kaum ein Beispiel aufweist."[57]

Sloterdijk sieht die Revolution der Rechte also kritisch. Seine Kritik wendet sich gegen die damit automatisch wachsende Bedeutung von Staatlichkeit. Wenn die Bedeutung von Rechten für das individuelle und gesellschaftliche Selbstverständnis steigt, wächst aber automatisch die Be-

---

[56] *Sloterdijk*, Das Anthropozän, S. 25 (42).
[57] Ebd., S. 35.

deutung des Staats als dem Adressaten dieser Rechte. Doch diese Selbstverständlichkeit steht nicht im verfassungstheoretischen Mittelpunkt der anthropozänen Verfassungsdebatte. Hier sind die ökologischen Folgen der Rechterevolution in den Blick zu nehmen. Die einseitige Revolution menschlicher Rechte ist für den Übergang in das Anthropozän und seine ökologischen Entgleisungen mitverantwortlich. Sie sind eine zentrale Ursache für das Artensterben und den Klimawandel, für die globalen Vermüllungen und Verwüstungen. Die verfassungstheoretische und sodann auch verfassungsrechtliche Antwort auf diese ökologisch desaströsen Folgen der menschlichen Rechterevolution liegt nun aber gerade nicht in einer Kritik der Rechte.[58] Vielmehr kommt es darauf an, die subjektiven Rechte der Natur anzuerkennen und zu entfalten. Die anthropozäne Verfassung der Natur ist Ausdruck eines ökologischen Liberalismus. Die Rechte des Menschen, die zur Zerstörung der Natur geführt haben, werden nicht aufgehoben, sondern durch die Anerkennung der Rechte der Natur eingeschränkt. Subjektive Rechte – also die Fähigkeit, die Rechtsordnung im eigenen oder fremden Interesse in Bewegung zu setzen[59] – waren und sind der Schlüssel zur modernen Gesellschaft und ihrem liberalen Staat; und sie sind deshalb auch der Schlüssel für die anthropozäne Verfassung der ökologischen Moderne. Die verfassungstheoretische Zuspitzung liegt in der Gewährleistung der Rechte der Natur. Die liberale Ordnung der subjektiven Rechte, die bisher Menschen, sozialen Gruppen und wirtschaftlichem Kapital vorbehalten war, wird auf die Natur ausgedehnt. Die Verfassung der Natur erkennt die Rechtssubjektivität von Tieren, Pflanzen und Landschaften, Wasser, Luft und Klima an.

Wie lassen sich aber die Rechte ökologischer Subjekte in der Verfassungsassemblage des Grundgesetzes entfalten? „Should Trees Have Standing?“[60] Das Staatsziel „Umweltschutz“ in Art. 20a GG schützt die natürlichen Lebensgrundlagen und die Tiere nur objektiv-rechtlich, ohne den Menschen oder der Natur subjektive Rechte zu vermitteln.[61] Art. 20a GG ist insofern der vollkommen konsequente Ausdruck des ökologischen Ancien Régime, das sein schlechtes ökologisches Gewissen durch eine

---

[58] *Menke*, Kritik der Rechte, insbesondere S. 177 ff., 316 ff., 369 ff.; *Gutmann*, ZUR 2019, S. 611 (616).

[59] *Jellinek*, System der subjektiven öffentlichen Rechte, S. 51, 56 f.

[60] *Stone*, S. Cal. L. Rev. 45 (1972), S. 450 ff.; umfassend *Gruber*, Rechtsschutz für nichtmenschliches Leben.

[61] Vgl. oben S. 65 f.

vollkommen insuffiziente Regelung des Umweltschutzes zu kompensieren sucht. Doch der rechtsvergleichende Blick auf Art. 10, Art. 71–74 der Verfassung der Republik Ecuador zeigt der Verfassungstheorie, dass die Natur durchaus als Rechtssubjekt verfassungsrechtlich anerkannt sein kann.[62] Darüber hinaus werden von Argentinien, Kolumbien und in den USA die Rechte von Tieren und in Ecuador, Indien, Kolumbien und Neuseeland die Rechte von Flüssen vor Gericht berücksichtigt.[63] Zweifellos wäre es möglich, die Rechte der Natur ausdrücklich im Grundgesetz zu verankern. Doch dies ist nicht nötig, wenn die Rechte ökologischer Subjekte bereits im Grundgesetz angelegt sind. Um die Rechte der Natur in der Verfassungsassemblage des Grundgesetzes zu entdecken, muss man sich rechts- bzw. verfassungstheoretisch zunächst vor Augen führen, dass Rechtssubjektivität immer nur relativ ist.[64] Kein Rechtssubjekt – auch nicht Menschen als natürliche Personen – verfügen über alle Rechte, sondern allein über die Rechte, die ihnen die Rechtsordnung relativ zueinander zuordnet. Die Anerkennung des Menschen als Rechtssubjekt erfolgt unmittelbar durch die Gewährleistung der Menschenwürdegarantie (Art. 1 Abs. 1 GG), die ganz im Sinne Hannah Arendts jedem Menschen ein „Recht auf Rechte"[65] vermittelt. Juristische Personen, die einen sozialen oder wirtschaftlichen Zweck verfolgen, verfügen ebenfalls über Grundrechte, soweit sie ihrem Wesen nach auf sie anwendbar sind (Art. 19 Abs. 3 GG). Deshalb können sich Wirtschaftsunternehmen beispielsweise auf die Berufsfreiheit (Art. 12 Abs. 1 Satz 1 GG) und

[62] http://pdba.georgetown.edu/Constitutions/Ecuador/english08.html (zuletzt abgerufen am 3.1.2020): Nature shall be the subject of those rights that the Constitution recognizes for it (Art. 10 Abs. 2 Verfassung Ecuador). Und weiter heißt es: Nature, or Pacha Mama, where life is reproduced and occurs, has the right to integral respect for its existence and for the maintenance and regeneration of its life cycles, structure, functions and evolutionary processes. All persons, communities, peoples and nations can call upon public authorities to enforce the rights of nature. To enforce and interpret these rights, the principles set forth in the Constitution shall be observed, as appropriate. The State shall give incentives to natural persons and legal entities and to communities to protect nature and to promote respect for all the elements comprising an ecosystem (Art. 71 Verfassung Ecuador); hierzu ausführlich *Gutmann*, ZUR 2019, S. 611 ff.

[63] *Fischer-Leascano*, ZUR 2018, S. 205 (206 f.); *Brara*, Courting Nature, S. 31 ff.; *Berros*, Defending Rivers, S. 37 ff.; jew. m. w. N.

[64] *Kelsen*, Reine Rechtslehre, S. 52 ff.; hierzu *Kersten*, ZRSoz 37 (2017), S. 8 (9 ff. m. w. N.).

[65] *Arendt*, Die Wandlung 4 (1949), S. 754 (760).

die Eigentumsgarantie (Art. 14 Abs. 1 Satz 1 GG) berufen. Das Kapital verfügt also über Grundrechte, nicht aber die Natur? Diese Frage nach verfassungsrechtlicher Fairness für die Bewältigung der ökologischen Herausforderungen lässt sich auf der verfassungsrechtlichen Ebene nicht schlicht mit der Lehre vom „personalen Substrat“ vom Tisch wischen: Die Grundrechtsfähigkeit juristischer Personen soll nach der Auffassung des Bundesverfassungsgerichts davon abhängen, ob der damit einhergehende Grundrechtsschutz auch den natürlichen Personen zugutekommt, die hinter dieser juristischen Person stehen und auf diese Weise deren „personales Substrat“ bilden.[66] Doch das Bundesverfassungsgericht hält die eigene Lehre vom „personalen Substrat“ verfassungsrechtlich selbst nicht durch, wenn es Stiftungen als reinen Vermögensmassen Grundrechtsschutz zuspricht.[67]

Was steht aber dann der Anerkennung subjektiver Rechte der Natur verfassungsrechtlich im Weg? Nichts! So ist es schon dem Gesetzgeber in Erfüllung seines objektiv-rechtlichen Verfassungsauftrags aus dem Staatsziel „Umweltschutz“ durch „einfaches Gesetz“ möglich, die Rechtssubjektivität der Natur anzuerkennen und dieser subjektive Rechte zu verleihen.[68] Doch Andreas Fischer-Lescano hat gezeigt, dass sich bereits auf der verfassungsrechtlichen Ebene mit Blick auf die Anerkennung der Rechte der Natur noch sehr viel innovativer argumentieren lässt:[69] Zum einen kann sich die Rechtssubjektivität ökologischer Personen – parallel zu „natürlichen“, also menschlichen Personen – aus Art. 20a i. V. m. Art. 1 Abs. 1 GG ergeben. Zum anderen lässt sich die Rechtssubjektivität nicht-humaner Personen – parallel zu „klassischen“ juristischen Personen – aus Art. 20a i. V. m. Art. 19 Abs. 3 GG herleiten. Von diesen beiden Möglichkeiten, die Rechtssubjektivität ökologischer Subjekte verfassungsrechtlich zu begründen, ist aufgrund der geistesgeschichtlichen, historischen und normativen Sonderstellung der Menschenwürdegarantie im Grundgesetz die zweite Alternative vorzugswürdig, also der Rückgriff auf Art. 20a i. V. m. Art. 19 Abs. 3 GG. Infolgedessen können sich ökologische Rechtssubjekte auf den Schutz derjenigen Grundrechte berufen, die ihrem Wesen nach auf sie anwendbar sind: etwa die Ent-

---

[66] BVerfGE 70, 138 (160 f.) [1985] – Loyalitätspflicht.
[67] Ebd.
[68] *Kloepfer*, in: Kahl/Waldhoff/Walter, Bonner Kommentar zum Grundgesetz, Art. 20a, Rn. 101 f.
[69] *Fischer-Lescano*, ZUR 2018, S. 205 (213).

faltungsfreiheit (Art. 20a i. V. m. Art. 19 Abs. 3 und Art. 2 Abs. 1 GG), körperliche Integrität und Leben (Art. 20a i. V. m. Art. 19 Abs. 3 und Art. 2 Abs. 2 Satz 1 GG), Bewegungsfreiheit (Art. 20a i. V. m. Art. 19 Abs. 3 und Art. 2 Abs. 2 Satz 2 GG), Gleichheit (Art. 20a i. V. m. Art. 19 Abs. 3 und Art. 3 Abs. 1 GG) sowie die Unverletzlichkeit der ökologischen Wohnung (Art. 20a i. V. m. Art. 19 Abs. 3 und Art. 13 Abs. 1 GG). Darüber hinaus ist es auch grundsätzlich möglich, dass ökologische Subjekte wirtschaftliche Freiheiten für sich in Anspruch nehmen können, also insbesondere die Berufsfreiheit (Art. 20a i. V. m. Art. 19 Abs. 3 und Art. 12 Abs. 1 GG) und die Eigentumsgarantie (Art. 20a i. V. m. Art. 19 Abs. 3 und Art. 14 Abs. 1 GG). So wäre es beispielsweise nicht ausgeschlossen, dass etwa Tiere oder Landschaften ihren eigenen Naturpark wirtschaftlich betreiben, der in ihrem Eigentum steht. Auch die Inanspruchnahme von grundrechtsgleichen Justizgewährleistungen ist ökologischen Subjekten problemlos möglich. Dies gilt insbesondere für die Garantie effektiven Rechtsschutzes (Art. 20a i. V. m. Art. 19 Abs. 3 und Art. 19 Abs. 4 GG), die Geltendmachung einer Verfassungsbeschwerde (Art. 20a i. V. m. Art. 19 Abs. 3 und Art. 93 Abs. 1 Nr. 4a GG) sowie das Recht auf den gesetzlichen Richter (Art. 20a i. V. m. Art. 19 Abs. 3 und Art. 101 Abs. 1 Satz 2 GG) und auf rechtliches Gehör (Art. 20a i. V. m. Art. 19 Abs. 3 und Art. 103 Abs. 1 GG).

Man mag die Möglichkeit, diesen verfassungstheoretischen Vorschlag Fischer-Lescanos unmittelbar verfassungsrechtlich umzusetzen, ambivalent einschätzen, da sich der verfassungsändernde Gesetzgeber jedes subjektiv-rechtliche Verständnis des Staatsziels „Umweltschutz“ (Art. 20a GG) verbeten hat.[70] Andererseits hat sich aber der verfassungsändernde Gesetzgeber nicht zu der Frage der normativen Relation des Art. 20a i. V. m. Art. 19 Abs. 3 GG geäußert. Doch wie dem auch sei: Fischer-Lescano veranschaulicht die Innovationskraft der Verfassungstheorie in den Zeiten des anthropozänen Wandels der Welt. Dies unterstreicht darüber hinaus die oben aufgestellte These, dass es nicht darauf ankommt, wie umfassend eine Verfassungstheorie formuliert ist, sondern mit welcher Reichweite sie sich in der Verfassungsassemblage des Grundgesetzes entfaltet.[71] Die Anerkennung der Rechte der Natur justiert die Verfassung in einer Normrelation (Art. 20a i. V. m. Art. 19 Abs. 3 GG) neu, um damit

---

[70] Vgl. oben S. 65 f.
[71] Vgl. oben S. 53 f.

eine ganze Kaskade neuer Normrelationen (Art. 20a i. V. m. Art. 19 Abs. 3 und Art. 2, Art. 3 Abs. 1, Art. 12 Abs. 1, Art. 13 Abs. 1, Art. 14 Abs. 1, Art. 19 Abs. 4, Art. 93 Abs. 1 Nr. 4a, Art. 101 Abs. 1 Satz 2, Art. 103 Abs. 1 GG) zu erzeugen, die in praktisch alle gesellschaftlichen Lebensbereiche hineinwirkt. Dies wird wiederum Folgen für das verfassungspolitische und verfassungsrechtliche Verständnis politischer Repräsentation nach sich ziehen. Zum einen müssen neue Formen, Regeln und Regime der Vertretung ökologischer Rechtssubjekte verfassungstheoretisch entwickelt und verfassungsrechtlich umgesetzt werden.[72] Es geht darum, ein neues ökologisches Gesellschaftsrecht auszugestalten.[73] Zum anderen werden ökologische Rechtssubjekte nicht nur vor Gericht auftreten, sondern aufgrund ihrer Rechtsfähigkeit auch in der Gesetzgebung und in der exekutiven Verwaltungspraxis von der Einzelfallentscheidung über die Planung bis zur Regulierung (re)präsent(iert) sein. Es ist dann – metaphorisch gesprochen – auch wirklich notwendig, die „Delegation des Walds" im parlamentarischen Raum zu empfangen.[74]

Diese verfassungstheoretische Zuspitzung einer ökologischen Interpretation und Erklärung des Grundgesetzes mag überraschend klingen. Es ist aber letztlich eher eine Frage der Gewöhnung, die Rechtssubjektivität ökologischer Personen in der Verfassungsassemblage des Grundgesetzes umzusetzen und in der Verfassungspraxis zu leben. Denn die anthropozäne Revolution ökologischer Rechte erweist sich in unserer bestehenden Verfassungsordnung als unmittelbar anschlussfähig: Die Gesetzgeber, Verwaltungen und Gerichte wissen, wie man mit subjektiven Rechten umgeht. Dabei spielt es keine Rolle, ob diese Rechte einem menschlichen, sozialen, ökonomischen oder eben ökologischen Subjekt zustehen. Sollte dieser verfassungstheoretische Ansatz die Verfassungspraxis prägen, kommt auf die Verfassungsdogmatik die Aufgabe zu, Regeln für Abwägungsentscheidungen zwischen sozialen, ökonomischen und ökologischen Interessen zu verallgemeinern. Die Anerkennung der Rechtssubjektivität der Natur darf also nicht zu dem Fehlschluss verleiten, dass die Rechte der Natur im Konflikt mit sozialen oder wirtschaftlichen Interessen stets überwiegen. Für die Natur gelten insofern die gleichen Grundsätze, die auch bei Menschen oder Unternehmen Anwendung finden: Wenn zwei

---

[72] *Fischer-Lescano*, ZUR 2018, S. 205 (209 ff.).

[73] *Kersten*, Die Rechte der Natur und die Verfassungsfrage des Anthropozän, S. 87 (111 ff.).

[74] Vgl. oben S. 72.

oder mehrere Rechte miteinander kollidieren, findet eine Abwägung statt. Im Rückgriff auf den Verhältnismäßigkeitsgrundsatz ist ein angemessener Ausgleich zwischen den konfligierenden Rechtspositionen und Rechtssubjekten zu suchen:[75] So sind etwa Regressionsverbote denkbar, wenn die Zerstörung eines besonders wertvollen Ökosystems im Raum steht. In der Abwägung können sich aber auch Entwicklungs- und Progressionsgebote entfalten, wenn es etwa um die Steigerung der Resilienz eines Ökosystems geht. So entfaltet die Verfassungstheorie mit der Rechtssubjektivität ökologischer Personen in der Verfassungsassemblage des Grundgesetzes „die spontanen *minima moralia* des gegenwärtigen Zeitalters: Es impliziert die Sorge um die Kohabitation der Erdenbürger in humaner wie nicht-humaner Gestalt. Es fordert auf zur Mitarbeit am Netzwerk der einfachen und höherstufigen Lebenskreise, in denen die Akteure der aktuellen Welt ihr Dasein im Modus der Ko-Immunität erzeugen."[76]

[75] *Kersten*, Das Anthropozän-Konzept, S. 75 ff.
[76] *Sloterdijk*, Das Anthropozän, S. 25 (44 [Hervorhebung im Original]).

V. Risiko: Die Ästhetik der Verfassung

Das Verständnis des Grundgesetzes als zuspitzungsbedürftige Verfassungsassemblage eröffnet die Möglichkeit für verfassungstheoretische Experimente, die auch argumentative Risiken eingehen. Eine experimentelle Verfassungstheorie kann beispielsweise das Grundgesetz aus einer bestimmten Perspektive lesen und erklären. Solche zugespitzten Interpretationen der Verfassung eröffnen beispielsweise die ökonomische Theorie des Rechts oder die Gender Studies. Doch um eine Interpretation des Grundgesetzes macht die Verfassungstheorie von jeher einen weiten Bogen: die Ästhetik der Verfassung, also die sinnliche Anschauung und Wahrnehmung des Grundgesetzes sowie das individuelle und kollektive Erleben unserer Demokratie. Die Staatsrechtslehre verleiht ihrem Selbstbewusstsein Ausdruck, indem sie über die Staatsselbstdarstellung,[1] Staatsrepräsentation,[2] Staatskalokagathie[3] und Staatsschönheit[4] reflektiert. Demgegenüber empfindet es die Verfassungstheorie als risikoreich, die Ästhetik des Grundgesetzes zu thematisieren. Aber warum ist das so?

1. Sprache, Stil, Design

Ungeachtet dieser grundsätzlichen ästhetischen Zurückhaltung der Verfassungstheorie setzen wir uns mit einzelnen Aspekten der ästhetischen Anschauung und Wahrnehmung unserer Verfassung durchaus auseinander: beispielsweise mit der Sprache, dem Stil und dem Design des Grundgesetzes.

---

[1] *Quaritsch*, Probleme der Selbstdarstellung des Staates; *ders.*, Die Selbstdarstellung des Staates; *ders.*, DÖV 1993, S. 1070 ff.

[2] *Isensee*, Staatsrepräsentation und Verfassungspatriotismus, S. 223 ff.

[3] *Depenheuer*, Staatskalokagathie, S. 7 ff.

[4] *Leisner*, Der schöne Staat.

Die *Sprache des Grundgesetzes* ist wohl der ästhetische Aspekt, der sowohl in der Staats- als auch in der Verfassungstheorie die meiste Aufmerksamkeit gefunden hat:[5] So beschreibt etwa Wolfgang Graf Vitzthum in der *Verfassungstheorie* den Stil des Grundgesetzes als abstrahierend, bildlos, fest, frisch, kategorisch, knapp, lapidar, öffnend, prägnant, pragmatisch, schematisch, schnörkellos, streng, systematisch, variationslos und „wortkeusch".[6] Das Grundgesetz verwende keine ausschmückenden Adjektive, Alliterationen, Klangspiele und Sprachbilder. Es verzichte auf Symbolik, Rhetorik und Metaphorik. Mit Begeisterung sucht und findet Graf Vitzthum kurze Verfassungssätze. „Eigentum verpflichtet" (Art. 14 Abs. 2 Satz 1 GG) wird nicht aufgrund seines Normgehalts, sondern seines Stils ästimiert: „Knapper kann keine Norm sein!"[7] Darüber hinaus lobt Graf Vitzthum das Grundgesetz dafür, dass es mit Grundpflichten und sozialen Grundrechten extrem sparsam umgehe. Damit unterscheide es sich von den Verfassungen der neuen Bundesländer. Diese versuchten sich „in missverstandener Identitätspolitik – mittels narrativer Normen, philanthropischer Verheißungen und überbordender Programmatik. Die Wieselworte ‚sozial', ‚gerecht' und ‚ökologisch' jedenfalls tauchten inflationär auf. Viele stiften weiterhin Verwirrung. Die Weimarer Reichsverfassung mit ihren sozialpolitisch üppigen, praktisch freilich uneinlösbaren und deshalb letztlich desintegrierenden Zusagen bzgl. sozialer Grundrechte hätte Menetekel sein müssen. Im Ergebnis kommt die wert-, gesellschafts- und ordnungspolitische Regelungsscheu dem Stil und Wesen des Grundgesetzes als einer bloßen Rahmenverfassung zugute."[8] In dieser Stilkritik des Grundgesetzes wird deutlich, dass es bei ästhetischen Reflexionen der Verfassung immer zugleich auch um verfassungsrechtliche Grundpositionen geht: Mit einem sowohl ästhetischen als auch juristischen Überlegenheitsgestus beurteilt Graf Vitzthum in der *Verfassungstheorie* die Weimarer Reichsverfassung und die jüngeren Landesverfassungen. Verfassungspolitische und verfassungsrechtliche Grundpositionen erscheinen im ästhetischen Gewand. Die verfassungsrechtliche Verwendung der Begriffe „sozial", „gerecht" und „ökologisch" wird verfassungsästhetisch kritisiert, obwohl die Landesverfassungen mit der

[5] *Kersten*, Die Prosa der Verfassung, S. 175 ff.; vgl. oben S. 61 f.

[6] *Graf Vitzthum*, in: Depenheuer/Grabenwarter, Verfassungstheorie, § 10, Rn. 18 ff., 20 (Zitat).

[7] Ebd., Rn. 19.

[8] Ebd., Rn. 25.

Verwendung dieser Begriffe die beiden größten Herausforderungen verfassungsrechtlich ansprechen, vor denen wir gegenwärtig stehen: die Gewährleistung des sozialen und wirtschaftlichen Zusammenhalts unserer Gesellschaft und den Schutz der Natur. Doch nach Auffassung von Graf Vitzthum kann dies nur juristische „Verwirrung" stiften. Auch gegenüber der Weimarer Reichsverfassung formuliert Graf Vitzthum verfassungspolitische und verfassungsrechtliche Grundpositionen verfassungsästhetisch. Doch in der verfassungshistorischen Perspektive kann man auch hier zu einer vollkommen anderen Einschätzung der Weimarer Reichsverfassung kommen:[9] Die Verfassung des Deutschen Reichs vom 11. August 1919 hat – mit fast hundertjähriger Verspätung – versucht, eine verfassungsrechtliche Antwort auf die industrielle Revolution zu geben und zugleich auf die menschlichen, sozialen, politischen und wirtschaftlichen Krisen und Katastrophen zu reagieren, die der Erste Weltkrieg der ersten deutschen Demokratie hinterlassen hat. In der Tat hält sich der Text des Grundgesetzes mit sozialen Grundrechten und Programmsätzen zurück, wie sie sich beispielsweise in den Weimarer Verfassungsregelungen über das Gemeinschaftsleben (Art. 119-Art. 134 WRV), Bildung und Schule (Art. 142-Art. 150 WRV) sowie die Wirtschaft (Art. 151-Art. 165 WRV) finden. Doch Graf Vitzthums schlichtes Lob der sozialen und programmatischen Enthaltsamkeit des Grundgesetzes übergeht ebenso schlicht, dass die Rechtsprechung des Bundesverfassungsgerichts durch die Auslegung der Grundrechte als Schutzpflichten, Teilhabe- und Verfahrensrechte sowie als Wertordnung diese soziale und programmatische Unterbilanz des Grundgesetzes gerade mit Blick auf Arbeitsschutz, Bildung, Kommunikation, Kultur, Mitbestimmung und Streikrecht „kompensiert" hat.[10] Mit anderen Worten: Die verfassungsästhetische Sprachkritik reformuliert immer auch verfassungstheoretische Zuspitzungen in der Verfassungsassemblage des Grundgesetzes. Jede Verfassungsästhetik verfügt über einen verfassungstheoretischen und verfassungsrechtlichen Kern.

Der *Stil des Grundgesetzes* hat jedoch neben der sprachlichen auch eine politische Dimension: Welche politischen Umgangsformen fördert das Grundgesetz im politischen Raum? Diese Stilfrage begleitet die Auseinandersetzung um das parlamentarische Regierungssystem des Grundgesetzes seit den Diskussionen im Parlamentarischen Rat: Bonn sollte nicht

9 *Kersten*, Die Prosa der Verfassung, S. 175 (176 f.).
10 *Grimm*, HStR I, § 1, Rn. 65 f.

Weimar werden. Das „konstruktive" Misstrauensvotum, die „unechte" bzw. „auflösungsgerichtete" Vertrauensfrage und ein fehlendes Selbstauflösungsrecht des Bundestags sind die zentralen Stichworte, die den theoretischen, rechtlichen, politischen und eben auch ästhetischen Streit um die parlamentarisch legitimierte „Kanzlerdemokratie" des Grundgesetzes begleiten. Welchen politischen Stil und welche politische Kultur begünstigen diese stabilitätsfixierten Regelungen in einem parlamentarischen Regierungssystem, das sich eigentlich durch ein hohes Maß an politischer Dynamik auszeichnet? Die destruktive Wirkung des „konstruktiven" Misstrauensvotums hat sich bereits 1966 in der ersten Regierungskrise der jungen Bundesrepublik gezeigt:[11] Das Grundgesetz fingierte nach dem Ausscheiden der FDP aus der Bundesregierung die Stabilität der Minderheitsregierung Ludwig Erhards, obwohl eine solche Stabilität – für alle sichtbar – politisch gerade nicht bestand. Die neue parlamentarische Mehrheit aus SPD und FDP nutzte jedoch nicht das „konstruktive" Misstrauensvotum (Art. 67 GG), um einen neuen Bundeskanzler zu wählen. Sie forderte Bundeskanzler Erhard mit absoluter Mehrheit vielmehr auf, die Vertrauensfrage (Art. 68 GG) zu stellen, ohne dass Erhard dem nachgekommen wäre. Koalitionsverhandlungen zwischen SPD und Union einerseits und FDP andererseits zogen sich hin und die NPD in den Hessischen und Bayerischen Landtag ein. Der politische Stilverlust, der sich in dieser Regierungskrise zeigte, spiegelt sich verfassungsästhetisch in dem Begriff des „klebenden Kanzlers", mit dem diese Krisenkonstellation bereits im Parlamentarischen Rat theoretisch durchgespielt worden war: Was passiere eigentlich, so fragte Thomas Dehler am 16. Dezember 1948 im Organisationsausschuss, wenn ein Minderheitskanzler an seinem Amt klebe?[12] Der Bundespräsident könne dann nicht den Bundestag auflösen. Müsse man in diesem Fall nicht ein Selbstauflösungsrecht des Bundestags vorsehen? Und Rudolf Katz antwortete Dehler für die Mehrheit im Parlamentarischen Rat mit einem „Weimar"-Argument: Bevor man das Risiko der Parlamentsauflösung eingehe, sei „es vielleicht auch richtig, lieber den Kanzler kleben zu lassen."[13] Ernst-Wolfgang Böckenförde hat in seiner pointierten Bewertung der Regierungskrise 1966 auf diesen politischen Stilverlust hingewiesen: „Die Krise mußte sich *hintenrum* zur Geltung bringen, und sie griff dabei immer weiter um sich. Zum amtie-

---

[11] *Kersten*, Parlamentarische oder stabile Regierung, S. 281 (306 ff.).
[12] *Der Parlamentarische Rat 1948–1949*, Akten und Protokolle, 13/II, S. 983.
[13] Ebd., S. 984.

renden Kanzler trat der verhandelnde Kanzlerkandidat, jeder sprach mit jedem – nur regieren tat keiner."[14] Deshalb forderte Böckenförde statt einer „konstruktiven" eine parlamentarische Lösung der Regierungskrise. Seiner Auffassung nach regelte Art. 67 GG kein „konstruktives", sondern ein „verkrampftes Misstrauensvotum"[15]. Die Regelung sei letztlich nichts anderes als „der posthume Sieg geängstigter Demokraten über vergangene Geschichte!"[16] Zu einer stilsicheren politischen Lösung dieser Krise des parlamentarischen Regierungssystems hätte die Möglichkeit eines Selbstauflösungsrechts des Deutschen Bundestags ebenso beitragen können wie im Fall des Regierungswechsels 1982/1983, der über eine Kombination eines „konstruktiven" Misstrauensvotums mit einer „auflösungsgerichtete[n] (so genannte[n] unechte[n]) Vertrauensfrage"[17] vollzogen wurde. Jenseits der verfassungsrechtlichen und verfassungspolitischen Einzelfragen zeigt auch dieser Regierungswechsel, wie das Grundgesetz mit seinem historischen Willen zur Stabilisierung des dynamischen parlamentarischen Regierungssystems einen destruktiven politischen Stil fördert:[18] Das konstruktive Misstrauensvotum setzte den Wechsel der FDP als Koalitionspartner der SPD zum neuen Koalitionspartner der CDU/CSU voraus. Ein solcher Wechsel des Koalitionspartners, ohne den ein „konstruktives" Misstrauensvotum nicht erfolgreich durchgeführt werden kann, säht jedoch politisches Misstrauen und führt zum gegenseitigen Vorwurf des politischen Verrats. Deshalb blieb das politische Klima zwischen SPD und FDP nach dem Misstrauensvotum gegen Bundeskanzler Helmut Schmidt über Jahrzehnte und letztlich bis heute politisch zerrüttet. Das „konstruktive" Misstrauensvotum fördert also gerade nicht politischen Stil und politische Kultur. Es untergräbt das politische Vertrauen zwischen demokratischen Parteien, das für künftige parlamentarische Regierungsbildungen selbst dann notwendig ist, wenn Koalitionen auch einmal beendet werden (müssen). Dies führt zu einer Einschränkung von parlamentarischen Koalitionsoptionen, die in einer sich heute zunehmend fragmentierenden, polarisierenden und radikalisierenden Parteienlandschaft umso wichtiger werden. Mit der Möglich-

---

[14] *Böckenförde*, AöR 97 (1967), 253 (253 f. [Hervorhebung im Original]).

[15] Ebd., S. 254.

[16] Ebd., S. 254.

[17] BVerfGE 114, 121 (151 [Klammerzusätze durch den Verfasser]) [2005] – Bundestagsauflösung II; vgl. bereits BVerfGE 62, 1 (41 ff.) [1983] – Bundestagsauflösung I.

[18] *Glotz*, Kampagne in Deutschland, insbesondere S. 135 ff.

keit der parlamentarischen Selbstauflösung des Deutschen Bundestags haben Regierungsparteien die Möglichkeit, politisch halbwegs stilvoll auseinander- und später dann neue Koalitionen einzugehen. Doch auch im Rahmen der Verfassungsreform nach der deutschen Einheit lehnte man 1994 mit Hinweis auf die Weimarer Erfahrungen ein Selbstauflösungsrecht des Deutschen Bundestags ab.[19] Auch die Stilanalyse des Grundgesetzes hat also einen ganz handfesten verfassungstheoretischen und verfassungsrechtlichen Kern.

Das *Design des Grundgesetzes* ist Ausdruck der künstlerischen und ästhetischen Selbstdarstellung des demokratischen Verfassungsstaats. Dies zeigen drei paradigmatische Fälle der Auseinandersetzung um die künstlerische Selbstdarstellung des Bundestags und der Bundesregierung in der Berliner Republik. Erstens der Streit um die Verhüllung des Reichstags durch Jeanne-Claude und Christo (1995): Widersprach die Reichstagsverhüllung der Würde des Parlaments durch ein künstlerisches Experiment oder konnte sie gerade Ausdruck demokratischer Kultur und Integration sein?[20] Zweitens die Auseinandersetzung um das Kunstwerk *Der Bevölkerung* von Hans Haacke im nördlichen Lichthof des Reichstagsgebäudes (2000): Widerruft das Kunstwerk die Widmung des Reichstagsgebäudes – „Dem deutschen Volke" – oder weist es künstlerisch auf ein zentrales, aber unerfülltes Integrationsversprechen der Demokratie hin?[21] Drittens die Diskussion um die Bilder Emil Noldes im Bundeskanzleramt: Bleibt die Wand im Arbeitszimmer der Bundeskanzlerin schlicht leer?[22] Doch selbstverständlich gehen die Fragen der politischen Designtheorie im demokratischen Verfassungsstaat weit über diese prominenten Einzelfälle hinaus: Warum werfen wir – so wundert sich Friedrich von Borries – unsere Wahlzettel „häufig in den Mülleimer in irgendeiner abgeschrabbelten Turnhalle"[23], wenn es sich bei der Wahl doch eigentlich um den wichtigsten und bedeutsamsten Akt unserer Demokratie handelt? Und

---

[19] BT-Drs. 12/6000, 86 ff.

[20] BT-Drs. 12/6767; BT-StenBer. 12/18275 ff.; 14/97, S. 9034 ff.; VG Berlin, NJW 1995, S. 2650 ff.; *Sendler*, NJW 1995, S. 2602 ff.; *Kersten*, Parlamentskunst, S. 149 (164).

[21] BT-StenBer. 14/97, S. 9034 ff.; *Kersten*, Parlamentskunst, S. 149 (160 ff. m.w.N.); kritisch *Böckenförde*, FAZ, 13.4.2000; *Murswiek*, Focus 52/2000; *ders.*, FS Schiedermair, S. 211 ff.; hierzu wiederum kritisch *Meyer*, Wie ein deutscher Staatsrechtslehrer mit Kanonen auf Spatzen schießt – und sie verfehlt, S. 35 ff.

[22] *Kaube*, FAZ, 28.8.2019, S. 9.

[23] *v. Borries*, Donald Trump ist in seinem Sinne hervorragendes Design.

aus welchem Grund sieht das Bundesverdienstkreuz immer noch wie das Eiserne Kreuz aus?[24] Das Public Interest Design reicht diese Fragen bis in den verwaltungsrechtlich bestimmten Lebensalltag der Daseinsvorsorge weiter: Wie sieht eigentlich – so fragt sich beispielsweise Bazon Brock – eine „freiheitsstiftende Ampel“ aus?[25] Diese provokanten Fragen an den demokratischen Verfassungsstaat zeigen eines: Gerade auch im Fall des politischen Designs geht es nicht um reine Oberflächen, sondern offensichtlich (auch) um die verfassungsrechtliche Tiefenstruktur: Wie gestalten wir unsere Demokratie?

2. Wo liegt das Risiko?

Warum gilt aber die Antwort auf die verfassungsästhetische Frage, wie wir unsere Demokratie wahrnehmbar und erfahrbar gestalten wollen, als riskant? Es lassen sich zwei Gründe ausmachen, warum sich die Verfassungstheorie so ungern auf eine Diskussion über die Ästhetik der demokratischen Verfassung einlässt. Der erste Grund liegt darin, dass die Demokratie vorwiegend ästhetisch kritisiert wird. Platon gilt als der Ahnherr der ästhetischen Kritik an der Demokratie:[26] Die Demokratie habe – so Platon – „das hübscheste Aussehen von allen. Wie ein buntes, in allen Farben schillerndes Kleid wird sie in allen Spielarten menschlichen Wesens schillern.“[27] Denn vor allem sei man in der Demokratie von allem frei: „Jeder Bürger kann tun, was er will.“[28] Aus diesem Grund begreife sich die Demokratie als eine „herrscherlose und bunte Staatsform, die den Gleichen so gut wie den Ungleichen gleiche Rechte einräumt.“[29] So lebe man „angenehm wie ein Gott in der Demokratie.“[30] Doch letztlich ist dies alles für Platon nur schöner Schein für Anarchie, Triebhaftigkeit, Gesetzlosigkeit und fehlende Regeln der Lebensführung: Die Freiheit zersetze die Demokratie, weil diese der Freiheit eben keine Grenzen setze: „Findet dieser freiheitsdurstige demokratische Staat böse

---

[24] Ebd.; vgl. ferner *ders.*, Weltentwerfen, S. 32, zur Politik als Gegenstand von Design.
[25] *Bazon Brock*, Sterbende Götter und freiheitsstiftende Ampeln, S. 145.
[26] *Platon*, Der Staat, S. 277 ff., 283 f.
[27] Ebd., S. 277.
[28] Ebd., S. 277.
[29] Ebd., S. 278.
[30] Ebd., S. 277.

Weinschenken, die ihm soviel ungemischte Freiheit einschenken, daß er trunken wird, so wirft er allen Herrschern, die nicht ganz nachgiebig sind und nicht jeden gewähren lassen, verbrecherische, oligarchische Gesinnung vor und bestraft sie."[31] Dies führe zu Anarchie, die „in die Häuser eindringen und sich sogar auf die Tiere übertragen"[32] muss. So ist es für Platon „ziemlich klar," dass die Tyrannis „aus der Demokratie hervorgeht"[33]; ja, die Tyrannis „wird nötig."[34] Diese abschätzige Karikatur, die Platon von der Demokratie zeichnet, wirkt bis heute nach.[35] Sie war und ist offensichtlich so stark und wirkungsvoll, dass die Verfassungstheorie die ästhetische Dimension der Demokratie lieber ignoriert. Den zweiten Grund formuliert ein zweiter Klassiker: Walter Benjamin. Wer die beiden letzten Sätze in Walter Benjamins Essay über *Das Kunstwerk im Zeitalter seiner technischen Reproduzierbarkeit* von 1936 als einen apodiktischen Schlussstrich unter jede Form der Ästhetisierung der Politik liest, muss sich auch keine Gedanken mehr über eine ästhetische Verteidigung der Demokratie machen: „So steht es um die Ästhetisierung der Politik, welche der Faschismus betreibt. Der Kommunismus antwortet ihm mit der Politisierung der Kunst."[36]

Doch selbstverständlich war und ist die Debatte um die ästhetische Dimension der demokratischen Verfassung und des liberalen Verfassungsstaats damit nicht zu Ende: Erstens weil sich die soeben aufgezeigten Fragen der ästhetischen Selbstdarstellung des demokratischen Verfassungsstaats mit Blick auf Sprache, Stil und Design stellen.[37] Zweitens weil wir ästhetische Debatten über das Verhältnis von „monarchistische[m] Bilderzauber"[38] und politischer Körperpolitik einerseits[39] und diskursiver Bildlosigkeit der Demokratie andererseits führen,[40] während es vielleicht doch eher darum geht, die politischen Unterschiede von Regierungsfor-

[31] Ebd., S. 284.
[32] Ebd., S. 284.
[33] Ebd., S. 283.
[34] Ebd., S. 284.
[35] *Rebentisch*, Die Kunst der Freiheit, S. 15 ff., 29 ff., insbesondere S. 47, 52, 70 f. m. umf. N.
[36] *Benjamin*, Das Kunstwerk im Zeitalter seiner technischen Reproduzierbarkeit, S. 44; hierzu *Rebentisch*, Die Kunst der Freiheit, S. 339 ff.
[37] Vgl. oben S. 81 ff.
[38] *Manow*, Im Schatten des Königs, S. 8 (Klammerzusatz durch den Verfasser).
[39] Ebd., insbesondere S. 8, 115 ff., 142 f.
[40] *Habermas*, Strukturwandel der Öffentlichkeit, S. 41 ff., insbesondere S. 43.

men auch in den ästhetischen Differenzen zu entdecken: Die „Republik ist vielleicht aus einem feineren, weniger sichtbaren Stoff gemacht als die Monarchie."[41] Drittens weil der demokratische Verfassungsstaat ästhetisch nach wie vor in der platonischen Tradition angegriffen wird, sollten wir dies nicht schlicht defensiv ignorieren, sondern diesen Angriff verfassungstheoretisch, verfassungsrechtlich, verfassungspolitisch und verfassungspraktisch parieren können. In verfassungstheoretischer Perspektive geht es deshalb weder um eine hyperaktive Bilderfreude noch um einen defensiven Ikonoklasmus. Vielmehr ist ein konstruktiver und zugleich kritischer Umgang mit der ästhetischen Dimension des Grundgesetzes angezeigt, eben weil der demokratische Verfassungsstaat eine politisch konstruktive und (selbst-)kritische Staatsform ist.

Von dieser kritischen Selbstreflexion ästhetischer Argumente sind beispielsweise Wilhelm Hennis' Überlegungen *Zum Begriff und Problem des politischen Stils* aus dem Jahr 1964 geprägt.[42] Man sollte sich – so Hennis – „vornherein der Gefahr bewußt sein, die mit der Applikation ästhetischer Begriffe auf das Politische verbunden ist."[43] Allzu oft begegne man in diesem Zusammenhang „unpolitischer Distanz, ästhetisierender Desinvolture, einem eminent undemokratisch blasierten Besser-als-die-anderen-sein-wollen,"[44] wofür Hennis beispielhaft auf „die Sprachwelt Ernst Jüngers"[45] verweist. Doch Hennis fährt angemessen ambivalent fort: „Das Politische hat seine eigene Würde und seinen eigenen Ernst. Man kann es gefährden; man tut etwas Unangemessenes und damit im strengen Sinne des Begriffes *Stilloses*, wenn man es allzu leichtfertig den Kategorien des Ästhetischen subsumiert."[46] Hennis spricht also aus Stilgründen keine unreflektierte Einladung zur Ästhetisierung der Politik aus und verweigert sich einer unkritischen Übernahme ästhetischer Begriffe.[47] Für Hennis liegt die Antwort auf die ästhetische Abwertung demokratischer Politik in einer politischen Stilkritik, soweit die Politik „Kunst, Schaustellung, Hervorbringung"[48] ist: „Politik setzt eine Öffentlichkeit

[41] *v. Doderer*, Die Strudelhofstiege, S. 734.
[42] *Hennis*, Zum Begriff und Problem des politischen Stils, S. 177 ff.
[43] Ebd., S. 178.
[44] Ebd.
[45] Ebd.
[46] Ebd. (Hervorhebung durch den Verfasser).
[47] *Schlak*, Wilhelm Hennis, S. 135.
[48] *Hennis*, Zum Begriff und Problem des politischen Stils, S. 177 (184).

voraus, spielt sich in und vor ihr ab. Und ich denke, daß es möglich sein muß, die Physiognomik dieses öffentlichen Vorgangs, den wir Politik nennen, stilkritisch zu analysieren."[49] Diese kritische Stilanalyse soll sich auf Rechtssprache, Verfassungsfeiern und Gedenktage sowie alle Akte staatlicher Repräsentation beziehen.[50] Dieses Konzept hat Hennis – als „Meister der absoluten rhetorischen Zuspitzung"[51] – in seiner Kritik des Politik- und Regierungsstils Helmut Kohls mit besonderer Hingabe verfolgt.[52] Darüber hinaus prägt es auch Hennis' kritische Würdigung des Stils der Berliner Republik, deren politischer Selbstzufriedenheit er den Enthusiasmus für ein demokratisches Gemeinwesen gegenüberstellt.[53] Mit diesem Plädoyer für eine (selbst-)kritische Reflexion des politischen Stils der Bundesrepublik steht Hennis (noch) ganz in der Tradition der Integrationslehre Rudolf Smends und damit eines gesicherten verfassungstheoretischen Besitzstands.[54]

Wenn man sich jedoch nicht schlicht auf diesem verfassungstheoretischen Besitzstand ausruhen möchte, lohnt es sich, mit Juliane Rebentisch neu über das Verhältnis von Politik und Ästhetik nachzudenken. In *Die Kunst der Freiheit* (2012) entfaltet Rebentisch die *Dialektik demokratischer Existenz*, indem sie den Weg des Verhältnisses von Politik und Ästhetik von der antiken Krisendiagnose (Platon) über das ethisch-politische Recht der Ironie (Hegel, Kierkegaard, Schmitt) zu Demokratie und Ästhetisierung (Rousseau, Benjamin) nachgeht. Die Demokratie – so Rebentisch – kann sich nicht auf eine substanziell vorgegebene Einheit oder Ordnung gründen:[55] Sie erzeugt diese erst in der demokratischen Repräsentation, also in der Entfaltung des demokratischen Willens in Verfahren und Institutionen, die wiederum demokratisch gestaltet werden müssen. Die Demokratie zeichnet sich nach der Auffassung von Rebentisch also gerade dadurch aus, dass ihr die Vergangenheit keine substanzhaften Vorgaben hinterlässt und die politische Zukunft auch anders gestaltet werden kann. Es ist diese Zukunftsoffenheit, mit der die Demokratie konstruktiv umgehen muss. Dies gilt auch für den *demos* selbst, der eben jenseits der demo-

[49] Ebd.

[50] Ebd., S. 184 f.

[51] *Schlak*, Wilhelm Hennis, S. 183.

[52] Ebd., S. 240.

[53] *Hennis*, FS Kielmansegg, S. 316 ff., insbesondere S. 328, 331.

[54] *Smend*, Verfassung und Verfassungsrecht, S. 119 (136 ff., 142 ff., 154 ff., 165, 217).

[55] *Rebentisch*, Die Kunst der Freiheit, S. 14 ff., 324, 328 f., 337, 344, 362, 366 ff.

kratischen Unterscheidung zwischen Repräsentierten und Repräsentanten nicht als substanzielle Einheit eines Volkes verstanden werden kann. Die „demokratische Antwort auf das Problem souveräner Macht besteht nicht darin, es zu verdecken, sondern auszustellen und so auf die Frage der Legitimität zu öffnen. Darin besteht die Pointe einer demokratisch verstandenen ‚Ästhetisierung des Politischen'. Auf der demokratischen Bühne der Politik müssen sich die jeweiligen Repräsentanten des *demos* immer wieder vor denjenigen rechtfertigen, deren Willen sie repräsentieren wollen, vor einem heterogenen Publikum also, von dem nie auszuschließen ist, dass seine Mitglieder alternative Vorstellungen vom demokratischen Gemeinwillen haben oder entwickeln und diese womöglich am Ende gegen die jeweils herrschende zu öffentlicher Geltung und (Gegen-)Macht bringen werden."[56] Um also politische Legitimationsbedürftigkeit mit politischer Zukunftsoffenheit zu verbinden, muss sich die Demokratie in der politischen Öffentlichkeit selbst wahrnehmbar inszenieren, in Wahlen und Parlamenten, Regierungen und Ämtern, Metaphern und Symbolen. Damit unterscheidet sich Rebentischs *Kunst der Freiheit* grundlegend von Ingolfur Bühdorns *Simulativer Demokratie*, in der die Demokratie das politisch Gute nur noch zur Beruhigung von hochmoralischen Bürgerinnen und Bürgern simuliert, die dadurch umso selbstzufriedener ihren sozial, wirtschaftlich und ökologisch desaströsen Lebensformen in der Postdemokratie frönen können.[57] Anstelle dieser politischen Unterforderung der Bürger/innen und der moralischen Überforderung der Demokratie setzt Rebentisch zu Recht auf die erfahrbare und wahrnehmbare Entfaltung des demokratischen Engagements der Bürger/innen in politischen Ämtern, Verfahren und Institutionen. Der demokratische Verfassungsstaat muss auf seine ästhetische Erfahrbarkeit und Wahrnehmbarkeit Wert legen und deshalb demokratische Legitimation und zukunftsoffene Gestaltbarkeit sichtbar verbinden. Die damit einhergehende „theatralische Sendung der Demokratie"[58] mündet in Rebentischs zentraler These der *Kunst der Freiheit*: „Eine Demokratie, die sich gegen die ästhetisierende Transformation ihres ethisch-politischen Selbstverständnisses immunisiert hätte, wäre keine mehr."[59]

---

[56] Ebd., S. 23 (Hervorhebung im Original).

[57] *Blühdorn*, Simulative Demokratie, S. 44 f., 171, 173 ff., 179, 182 ff.

[58] *Münkler*, Inszenierung von Recht als Wirksamkeitsbedingung, S. 19 (29 ff.), zu Theatralität und Inszenierung als zwei Aspekten der Performanz des Rechts.

[59] *Rebentisch*, Die Kunst der Freiheit, S. 374.

Das Risiko für das Grundgesetz liegt also gerade nicht darin, sich verfassungstheoretisch auf den ästhetischen Verfassungsdiskurs einzulassen, sondern diesen zu unterlassen oder zu verweigern. Das gefährdet unsere Demokratie vor allem in Zeiten der kommunikativen Transformation der Gesellschaft. Im Augenblick erleben wir vor allem deshalb kommunikative Pathologien im demokratischen Raum, weil wir uns bisher noch nicht auf den digitalen Verfassungswandel politisch und rechtlich, vor allem aber auch noch nicht ästhetisch eingelassen haben. Der demokratische Verfassungsstaat und sein Recht haben – wie Laura Münkler hervorhebt – „ästhetische Bedürfnisse", weil es bei der Inszenierung von (Verfassungs-)Recht um deren Wirksamkeitsbedingungen geht.[60] Um diesen verfassungstheoretisch nachzugehen, können wir aus juristischer Perspektive das Theorieangebot annehmen, das uns Juliane Rebentisch in *Die Kunst der Freiheit* unterbreitet. Dieses ist für eine demokratische Verfassungstheorie vor allem deshalb so wertvoll, weil es gerade nicht auf eine historisch und theoretisch naive Staatsästhetik setzt.[61] Vielmehr kann man mit Rebentisch verfassungstheoretisch auf eine ästhetische „Kritik der (Ästhetisierungs-)Kritik"[62] der Demokratie setzen, die zugleich auch Anschluss an den politischen Medienwandel findet.

Um dieses Konzept einer kritischen Ästhetik der Demokratie zu entfalten, lässt sich an Walter Benjamin anknüpfen, gerade auch um zu zeigen, dass seine Kritik der faschistischen und sodann nationalsozialistischen Ästhetisierung des „Politischen" einer kritischen Ästhetik (zur Verteidigung) der Demokratie (gegen eine antidemokratische Autoritäts- und Gewaltästhetik) nicht entgegensteht.[63] Benjamin wirft in seinem *Kunstwerk*-Essay die allgemeine Frage nach der Ästhetik des „Politischen" auf, indem er die Emanzipation von Kunst und Politik parallelisiert. Weil die Aura des Kunstwerks im Zeitalter seiner technischen Reproduzierbarkeit zertrümmert wird, kann sich das Kunstwerk „von seinem parasitären Dasein am Ritual"[64] emanzipieren. Im Zuge dieser Emanzipation der Kunst vom Ritual wachsen nicht nur die Möglichkeiten, Kunst zu präsentieren.

---

[60] *Münkler*, Inszenierung von Recht als Wirksamkeitsbedingung, S. 19 (25 ff.); *dies.*, Die Bauhaus-Ästhetik des Rechts.

[61] Vgl. oben S. 81.

[62] *Rebentisch*, Die Kunst der Freiheit, S. 17.

[63] Vgl. oben S. 88.

[64] *Benjamin*, Das Kunstwerk im Zeitalter seiner technischen Reproduzierbarkeit, S. 17.

Es verändern sich zugleich die Bedingungen, Kunst zu beurteilen. Die Kunst wird jetzt vor dem Publikum ausgestellt, das nun die Kunst bewertet. Allerdings gehört zum Selbstverständnis der Kritischen Theorie, diese Neubewertung der Kunst als deren Wechsel vom religiösen Ritual in die kapitalistische Wirtschaft zu begreifen: Die Kunst entwickelt einen Warencharakter auf dem Markt.[65] Doch Benjamin bleibt im *Kunstwerk*-Essay nicht bei dieser einseitig materialistischen Kritik stehen. Er analysiert die mediale Dynamik des Verhältnisses von Kunst und Publikum anhand von Photographie, Radio und Tonfilm.[66] Seine Analyse dieser dynamischen medialen Entwicklung, die das Publikum in eine „Masse“ verwandelt, überträgt Benjamin in der berühmten Fußnote 20 seines *Kunstwerk*-Essays in eine mediale Analyse der politischen Krise der bürgerlichen Gesellschaft: „Die hier konstatierbare Veränderung der Ausstellungsweise durch die Reproduktionstechnik macht sich auch in der Politik bemerkbar. Die heutige Krise der bürgerlichen Demokratien schließt eine Krise der Bedingungen ein, die für die Ausstellung der Regierenden maßgebend sind. Die Demokratien stellen den Regierenden unmittelbar in eigener Person und zwar vor Repräsentanten aus. Das Parlament ist sein Publikum! Mit den Neuerungen der Aufnahmeapparatur, die es erlauben, den Redenden während der Rede unbegrenzt vielen vernehmbar und kurz darauf unbegrenzt vielen sichtbar zu machen, tritt die Ausstellung des politischen Menschen vor dieser Aufnahmeapparatur in den Vordergrund. Es veröden die Parlamente gleichzeitig mit den Theatern. Rundfunk und Film verändern nicht nur die Funktion des professionellen Darstellers, sondern genauso die Funktion dessen, der, wie es die Regierenden tun, sich selber vor ihnen darstellt. Die Richtung dieser Veränderung ist, unbeschadet ihrer verschiedenen Spezialaufgaben, die gleiche beim Filmdarsteller und beim Regierenden. Sie erstrebt die Ausstellung prüfbarer, ja übernehmbarer Leistungen unter bestimmten gesellschaftlichen Bedingungen. Das ergibt eine neue Auslese, eine Auslese vor der Apparatur, aus der der Star und der Diktator als Sieger hervorgehen.“[67]

Mit dieser kritischen Analyse beschreibt *Benjamin* 1936 nicht nur, aber insbesondere auch die mediale Dimension des Scheiterns der Weimarer Republik und die mediale Realität der nationalsozialistischen Diktatur

---

[65] Ebd., S. 20, 27.
[66] Ebd., S. 21 ff.
[67] Ebd., S. 27 f. Fn. 20.

und Gewaltherrschaft. Doch zugleich geht Benjamins mediale Analyse weit darüber hinaus: Er zeigt, warum der „demokratische Souverän auf die Bühne"[68] geholt wird und dass es insbesondere immer auch darauf ankommt, wie dies medial geschieht. Gerade dies bildet die Grundlage für die ästhetische „Kritik der (Ästhetisierungs-)Kritik", die Juliane Rebentisch für die Demokratie vorschlägt. Es kommt somit nicht nur darauf an, politisch zu beschreiben, wie sich die Politik durch die Amerikanische und die Französische Revolution vom religiösen Ritual gottgegebener Herrschaft gelöst hat. Ebenso entscheidend ist, dass der demokratische Verfassungsstaat sich seitdem mit einer dynamischen Medienentwicklung konfrontiert sieht: von der Vereins- und Zeitungsöffentlichkeit des 19. Jahrhunderts über Radio, Kino, Fernsehen und Digitalisierung bis zur Augmented und Virtual Reality der „nächsten Gesellschaft"[69].[70] Auf diesen medialen Strukturwandel der Öffentlichkeit muss der demokratische Verfassungsstaat in einem doppelten Sinn reagieren: Einerseits ist es notwendig, dass der Verfassungsstaat die neuen Kommunikationspotenziale dieser dynamischen Medienentwicklung für die eigene demokratische Legitimation nutzt, indem er sie ästhetisch sichtbar, wahrnehmbar und erlebbar in seine politischen Prozesse verfassungsrechtlich integriert. Andererseits muss der demokratische Verfassungsstaat aber auch aktiv den ästhetischen Denunziationen der Demokratie entgegentreten, die mit neuen Medienentwicklungen regelmäßig einhergehen. Dies zeigt, wie wichtig es ist, sich auch auf der verfassungstheoretischen Ebene Gedanken über die Ästhetik der Verfassung zu machen.

3. Ästhetische Kompositionen

Wenn man das Grundgesetz als eine Verfassungsassemblage begreift, kann sich die Ästhetik der Verfassung in einer Komposition von Präambel, Grundrechten, Verfassungsgütern, Verfassungsprinzipien und Staatsorganisationsrecht entfalten.[71] Den verfassungsrechtlichen Anknüpfungspunkt dafür bildet eine eher unscheinbare Regelung des

[68] *Rebentisch*, Die Kunst der Freiheit, S. 329.
[69] *Baecker*, Studien zur nächsten Gesellschaft, S. 8 f.
[70] *Kersten*, Realitätsverschiebungen.
[71] *Damler*, Rechtsästhetik, S. 31, für ein kompositorisches Verständnis der (Rechts-)Ästhetik.

Grundgesetzes: Die Repräsentation des Gesamtstaates in der Hauptstadt ist Aufgabe des Bundes (Art. 22 Abs. 1 Satz 2 GG). In der Regel nutzen die Staats- und Verfassungstheorie den Begriff der Repräsentation, um den Kern des parlamentarischen Regierungssystems zu begreifen:[72] Die Abgeordneten des Deutschen Bundestags sind Vertreter des ganzen Volkes, an Aufträge und Weisungen nicht gebunden und nur ihrem Gewissen unterworfen (Art. 38 Abs. 1 Satz 2 GG). Doch das Grundgesetz selbst verwendet den Begriff der Repräsentation allein in Art. 22 Abs. 1 Satz 2 für die Regelung der Bundesaufgabe, die öffentliche Wahrnehmung der Bundesrepublik Deutschland in Berlin sichtbar und erlebbar zu gestalten. Dieses Verständnis ästhetischer Repräsentation des demokratischen Verfassungsstaats lässt sich meiner Auffassung nach verallgemeinern und in der Relation mit anderen verfassungsrechtlichen Regelungen in einer kompositorischen Ästhetik des demokratischen Verfassungsstaats entfalten.[73] Dies soll im Folgenden wiederum mit Blick auf Sprache, Stil und Design des Grundgesetzes beispielhaft erläutert werden.[74]

Die *sprachliche Repräsentation* der Verfassung fokussiert darauf, wie der Text des Grundgesetzes die demokratische Legitimation mit der zukunftsoffenen Gestaltungsfreiheit der Bürger/innen verbindet. Einer ästhetischen Sprachkritik des Grundgesetzes geht es also gerade nicht darum, die eigenen verfassungspolitischen Vorverständnisse in der Textanalyse bestätigt zu sehen.[75] Vielmehr folgt sie der von Juliane Rebentisch in *Die Kunst der Freiheit* programmatisch entwickelten Frage, wie sich die individuelle und kollektive Freiheit im Verfassungstext zu rechtlicher Geltung bringt.[76] Die Antwort auf diese Frage gibt das Grundgesetz in der Art und Weise, wie es die verfassungsgebende Gewalt des Volkes (ver)fasst:[77] Im Satz 1 der GG-Präambel und in Art. 146 GG wird die verfassungsgebende Gewalt in die anthropomorphe Metapher einer großen politischen Person gekleidet,[78] die ihren Ausdruck insbesondere in der Staatsphilosophie und der politischen Ikonographie des *Leviathan*

---

[72] Vgl. unten S. 124 ff.
[73] Vgl. oben S. 50 ff.
[74] Vgl. oben S. 81 ff.
[75] Vgl. oben S. 82 f.
[76] Vgl. oben S. 90 ff.
[77] *Kersten*, Die Prosa der Verfassung, S. 175 (180 ff.).
[78] *Münkler*, *Der Staat* 55 (2016), S. 181 ff., zur Bedeutung von Metaphern im Recht.

(1651) von Thomas Hobbes gefunden hat. In diesem Zusammenhang hat insbesondere Horst Bredekamp darauf hingewiesen, dass das politische Symbol des Leviathan eine bildliche Lückenfüllungsfunktion in der politischen Theorie von Hobbes übernimmt: Um den repräsentativen Qualitätssprung von der Multitude zum Staat im Sinn einer „Verkörperung"[79] jedes Einzelnen und zugleich aller Individuen in der politischen Einheit zu verdeutlichen, dienen die „visuellen Strategien"[80] des Frontispiz des *Leviathan* von Abraham Bosse, in die sich zugleich *Hiob* 41, 24, eingraviert findet: Über der leeren Landschaft und der fast leeren Stadt erhebt sich der souveräne Leviathan, dessen Körper die auf sein repräsentatives Antlitz fixierten Bürger bilden. Dieses Bild des Leviathan schließt – so Bredekamp – „die Lücke zwischen Repräsentant und Repräsentiertem, um damit die symbolische Achillesferse des Leviathan zu heilen, als Gesamtkörper nicht körperlich erfahrbar zu sein."[81] Das Grundgesetz greift diese politische Ikonographie auf und gestaltet sie weiter aus: Die Regelung des Satzes 1 der GG-Präambel will das demokratische Volk wie eine kollektive Person verstehen, die sich mittels eines normativ reflexiven Willens selbst eine Verfassung – konkret: das Grundgesetz – gibt.[82] Zugleich verdeutlicht Art. 146 GG, dass die Verfassungsgebung nicht als abgeschlossener, sondern als zukunftsoffener Prozess zu verstehen ist, der sich für künftige verfassungsrechtliche Revisionen und neue politische Konstellationen, wie beispielsweise die europäische Integration, offen zeigt.[83] So inszeniert sich das Grundgesetz in Satz 1 seiner Präambel und Art. 146 als eine zukunftsoffene Demokratie, die es im Sinn des Art. 22 Abs. 1 Satz 2 GG auch ästhetisch zu repräsentieren gilt. Auf dieser Grundlage wird eine ästhetische Sprachanalyse des Grundgesetzes kritisch auf solche Verfassungsänderungen hinweisen, die diese zukunftsoffene demokratische Gestaltungsfreiheit verkürzen. Ein Beispiel dafür ist der so ge-

[79] *Hobbes*, Leviathan, 17. Kapitel (S. 134), 18. Kapitel (S. 136).

[80] *Bredekamp*, Hobbes, S. 9; vgl. ferner *ders.*, KJ 2000, S. 395 (396); *ders.*, Theorie, S. 194.

[81] *Bredekamp*, Hobbes, S. 72 (Zitat), 131; *ders.*, KJ 2000, S. 395 (396 f.); *ders.*, Theorie, S. 195.

[82] Vgl. für die normativ selbstreflexive Bindung des Willens an ein selbstgegebenes Gesetz als Ausdruck von Autonomie bzw. Demokratie *Kant*, Grundlegung zur Metaphysik der Sitten, S. 9 (60 f.); *Rousseau*, Vom Gesellschaftsvertrag oder Grundsätze des Staatsrechts, 1. Buch, 8. Kapitel (S. 23); *Habermas*, Faktizität und Geltung, S. 637.

[83] BVerfGE 123, 267 (332) [2009] – Lissabon.

nannte „Asylkompromiss“[84] aus dem Jahr 1992:[85] Der neue Art. 16a GG verkürzt erstens durch den Import verwaltungsrechtlicher Regelungen in das Grundgesetz das individuelle Recht auf Asyl. Zweitens beschränkt er seine verfassungsrechtliche Überprüfung auf einen Verstoß gegen die „Ewigkeitsgarantie“ (Art. 79 Abs. 3 i. V. m. Art. 1 Abs. 1 GG).[86] Drittens wird eine mögliche Änderung des Art. 16a GG von der parlamentarischen Debatte im Bundestag in die föderal-parteipolitischen Verhandlungen des deutschen Exekutivföderalismus mit seinen Veto-Positionen verschoben.[87] Auf diese Weise hat der „Asylkompromiss“ nicht „nur“ ein individuelles Grundrecht, sondern auch die demokratische Gestaltungsfreiheit substanziell eingeschränkt. Christoph Möllers sieht hier vollkommen zu Recht „eine Faustregel am Werk: Je mehr Worte die Verfassung im Grundrechtsteil macht, desto weniger Freiheit gewährt sie.“[88] Das Grundrecht auf Asyl hat sich mit der Novellierung des Grundgesetzes in eine „Grundrechtsverhinderungsvorschrift“[89] gewandelt. Dies unterstreicht: „Verfassungsstil ist nicht nur eine Frage der Verfassungsästhetik!“[90], sondern zeitigt unmittelbare rechtliche Folgen.

Die *politische Repräsentation* wurde und wird im demokratischen Verfassungsstaat von einer Kritik des politischen Stils begleitet: Wilhelm Hennis' Diagnose stilloser Distanzlosigkeit in der bundesdeutschen Politik,[91] Karl Heinz Bohrers Polemik gegen die symbolische Formlosigkeit des bundesrepublikanischen Provinzialismus[92] und Johannes Gross' Bemühungen um eine stilvollendete Begründung der Berliner Republik[93] sind hier zu nennen, aber zugleich auch von der verfassungstheoretischen

---

[84] *Voßkuhle*, DÖV 1995, S. 53 ff.; *Becker*, in: v.Mangoldt/Klein/Starck, GG, Art. 16a, Rn. 7 f.

[85] *Kersten*, DVBl. 2011, S. 585 (587); *ders.*, Die Prosa der Verfassung, S. 175 (187 ff.); weiterführend *Krüper*, Auf der Suche nach neuer Identität, S. 238 (245 f.).

[86] BVerfGE 94, 49 (102) [1996] – Sichere Drittstaaten; BVerfGE 94, 115 (148) [1996] – Sichere Herkunftsstaaten; BVerfGE 94, 166 (195) [1996] – Flughafenverfahren.

[87] *Grimm*, FAZ, 29.12.2010, S. 6.

[88] *Möllers*, Das Grundgesetz, S. 60 f.

[89] *Franßen*, DVBl. 1993, S. 300.

[90] *Voßkuhle*, AöR 119 (1994), S. 35 (58).

[91] *Hennis*, Zum Begriff und Problem des politischen Stils, S. 177 (192); vgl. oben S. 89 f.

[92] *Bohrer*, Provinzialismus, insbesondere S. 16, 22, 42, 64 f., 82, 103, 139; *ders.*, Nach der Natur, S. 32 ff., 49, 55 ff., 64.

[93] *Gross*, Begründung der Berliner Republik, insbesondere S. 84 ff.

Reflexion des politischen Stilproblems zu unterscheiden: Um die verfassungsrechtliche Dimension des politischen Stils in der Verfassungsassemblage des Grundgesetzes zu entfalten, lassen sich normative Relationen zwischen dem ästhetischen Repräsentationsbegriff des Art. 22 Abs. 1 Satz 2 GG zu den verfassungsrechtlichen Funktionszuweisungen der Bundesorgane herstellen: Die Relation zwischen Art. 22 Abs. 1 Satz 2 GG und der parlamentarischen Repräsentation des Bundestags (Art. 38 Abs. 1 Satz 2 GG) zeigt uns beispielsweise, dass rassistische und faschistische Äußerungen und Reden von rechtsradikalen Abgeordneten im Plenum und in den Ausschüssen nicht unwidersprochen und sanktionslos bleiben können und dürfen.[94] Die Relation zwischen Art. 22 Abs. 1 Satz 2 GG und der dysfunktionalen Regelung des Misstrauensvotums (Art. 67 GG) und der „unechten“ bzw. „auflösungsgerichteten“ Vertrauensfrage (Art. 68 GG) lässt uns zur Vermeidung langlebiger politischer Friktionen für die Einführung eines Selbstauflösungsrechts des Deutschen Bundestags werben.[95] Die Relation zwischen Art. 22 Abs. 1 Satz 2 GG und dem parlamentarischen Repräsentationsprinzip (Art. 38 Abs. 1 Satz 2 GG) und der Richtlinienkompetenz (Art. 65 Satz 1 GG) spricht dafür, dass die Bundeskanzlerin beispielsweise auf die „Initiative für Europa“[96], die der Französische Staatspräsident Emmanuel Macron am 26. September 2017 an der Sorbonne vorgestellt hat, nicht verzögert in einem Zeitungsinterview,[97] sondern im Deutschen Bundestag als dem in der parlamentarischen Demokratie des Grundgesetzes angemessenen Ort antwortet.[98] Die Relation zwischen Art. 22 Abs. 1 Satz 2 GG und dem Amt des Bundespräsidenten (Art. 54 ff. GG) gewinnt insbesondere in Zeiten der Fragmentierung, Polarisierung und Radikalisierung der Bundesrepublik besondere Bedeutung.[99] Zugleich hat Bundespräsident Frank-Walter Steinmeier anlässlich des 70. Geburtstags des Grundgesetzes mit einem gemeinsamen Kaffeetrinken der Bürger/innen mit den Amtsträgerinnen und Amtsträgern oberster Verfassungsorgane aber auch gezeigt,[100] wie sich repräsentativer Stil und gelassene Ironie souverän mit-

[94] *Kersten*, JuS 2018, S. 929 (932).
[95] Skeptisch *Waldhoff*, Das andere Grundgesetz, S. 66.
[96] *Macron*, Initiative für Europa.
[97] *Merkel*, FAS, 3.6.2018, S. 2 f.
[98] *Kersten*, JuS 2018, S. 929 (936).
[99] BVerfGE 136, 323 (331 ff.) [2014] – „Spinner“; *Kersten*, JuS 2018, S. 929 (933 f.).
[100] *Meinel*, FAZ, 22.5.2019, S. N3.

einander verbinden lassen: ein bundesrepublikanisches Kaffeetrinken – irgendwo zwischen Walter Kempowskis Ringen um Bürgerlichkeit angesichts zweier deutscher Diktaturen und Jürgen Habermas' politischer Ethik eines herrschaftsfreien Diskurses in der Bundesrepublik.

Die *künstlerische Repräsentation* des Verfassungsstaats lässt sich ebenfalls in der Verfassungsassemblage des Grundgesetzes entfalten. Dies gilt zunächst für die ästhetisch wahrnehmbare Gestaltung staatlicher Akte und Symbole. So kann man beispielsweise die von Friedrich von Borries vollkommen zu Recht aufgeworfenen Fragen nach der ästhetischen Gestaltung von Wahlen in der Verfassungsrelation des Art. 22 Abs. 1 Satz 2 GG i. V. m. der Kunstfreiheit (Art. 5 Abs. 3 Satz 1 GG) und den Wahlgrundsätzen (Art. 38 Abs. 1 Satz 1 GG) verorten.[101] Auch die verfassungstheoretische Einordnung des (anhaltenden) Streits um Parlamentskunst – wie die Reichstagsverhüllung oder Hans Haackes Kunstwerk *Der Bevölkerung*[102] – gelingt in der Verfassungsassemblage des Grundgesetzes in der Relation von Art. 22 Abs. 1 Satz 2 GG i. V. m. der Kunstfreiheit (Art. 5 Abs. 3 Satz 1 GG) und der politischen Repräsentation des Deutschen Bundestags (Art. 38 Abs. 1 Satz 2 GG).[103] Diese verfassungstheoretischen Einordnungen können auch der politischen Designtheorie durch verfassungsrechtliche Kriterien eine weiterführende Orientierung bieten. Deren bisherige Unterscheidung zwischen unterwerfendem und ermächtigendem Design bleibt schlicht formal.[104] Darüber hinaus entwickelt die Stilisierung von ermächtigendem Design zu einer „neuen Ästhetik des Widerstands"[105] in einer freien und liberalen Gesellschaft wie der Bundesrepublik vielleicht doch eine politisch etwas überschießende Innentendenz. Im Gegensatz dazu zeigt die verfassungstheoretische Verortung, dass das gestalterische Zentrum des politischen Designs in der Kunstfreiheit (Art. 5 Abs. 3 Satz 1 GG) zu sehen ist: Während sich Diktaturen dekorieren, leisten sich Demokratien Kunst(freiheit), wenn es um die ästhetische Repräsentation des Verfassungsstaats geht. Deshalb ist politisches Design in der Demokratie nicht gefällig, sondern kritisch: Es fordert die Bürger/innen heraus, sich mit der ästhetischen Freiheit auseinanderzusetzen, die Künstler/innen nutzen, wenn sie zur ästhe-

---

101 Vgl. oben S. 86 f.
102 Vgl. oben S. 86.
103 *Kersten*, Parlamentskunst, S. 149 (164 f.).
104 *v. Borries*, Weltentwerfen, S. 20 ff., 83 ff.
105 Ebd., S. 87 (Zitat), 122 ff., 130 f.

tischen Darstellung des Verfassungsstaats beitragen. Das gilt angesichts der Kunstfreiheit insbesondere auch dann, wenn das politische Design des demokratischen Verfassungsstaats „aneckt". Dies ist beispielsweise im Fall der ästhetisch wie verfassungsrechtlich nach wie vor umstrittenen Konfrontation zwischen „Dem deutschen Volke" als obrigkeitsstaatliche Widmung und Hans Haackes Kunstwerk *Der Bevölkerung* im nördlichen Lichthof des Reichstagsgebäudes gelungen, gerade weil hier das unvollendete verfassungsrechtliche Versprechen eines Rechts auf Demokratie (Art. 1 Abs. 1 i. V. m. Art. 20 Abs. 1 und 2 GG) in der Bundesrepublik thematisiert wird.[106] An dieser Stelle trifft sich die verfassungstheoretische Reflexion der Ästhetik der Verfassung mit dem Vorsatz der politischen Designtheorie, eine (zukunfts-)offene „Kultur der kritischen Reflexivität"[107] im demokratischen Verfassungsstaat sichtbar, wahrnehmbar und erfahrbar zu machen.

[106] *Kersten*, Parlamentskunst, S. 149 (168 f.).
[107] *v. Borries*, Weltentwerfen, S. 87 (Zitat), 86 ff., 132 ff.

VI. Streit: Du fährst zu oft nach Plettenberg

Das Verständnis des Grundgesetzes als zuspitzungsbedürftige Verfassungsassemblage führt notwendigerweise zu Streit. Kontroversen gehören zur Verfassungstheorie, nicht nur die selbstverständliche wissenschaftliche Auseinandersetzung zwischen unterschiedlichen Ansätzen, welche die Assemblage des Grundgesetzes unterschiedlich zuspitzen, sondern vor allem auch der Streit *für* die liberale, rechtsstaatliche, demokratische Verfassungsordnung des Grundgesetzes. Zugleich hat Uwe Volkmann jedoch vollkommen recht:[1] Die deutsche Staatsrechtslehre scheint an Kontroversen kein Interesse (mehr) zu haben. Es fehlt an alternativen Deutungen des Grundgesetzes, die in der verfassungstheoretischen Auseinandersetzung ihr Profil gewinnen und schärfen. Es dominieren Stuhl- und Freundeskreise, die in Zitierkartellen sichtbar werden; denn „mit wem man nicht befreundet oder sonst persönlich bekannt ist, der wird auch nicht zitiert."[2] Dies bedeutet nicht, dass es keine Auseinandersetzungen gäbe. Doch sie sind – wie zuletzt der verfassungsrechtliche Streit um die Flüchtlingskrise 2015 gezeigt hat – eher selten und bleiben in der Sache punktuell; und gerade weil es an einer respektvollen Streitkultur in der deutschen Staatsrechtslehre fehlt, entgleiste auch diese Auseinandersetzung schnell ins Persönliche. Insofern mangelt es in der deutschen Staatsrechtslehre an dem, was Peter Glotz in *Die Arbeit der Zuspitzung* für den demokratischen Diskurs insgesamt beklagt und einfordert: einen Stil der zugespitzten Auseinandersetzung, in der alternative Verständnisse des Grundgesetzes aufeinandertreffen, ohne sofort in die Unterscheidung zwischen Freund und Feind zu entgleisen.[3] Man müsse sich – so wiederum Volkmann – nun nicht gleich einen neuen (Weimarer) Methoden- und Richtungsstreit (zurück) wünschen. Niemand könne sich „nach den Schroffheiten der bis ins Menschlich-Persönliche reichenden

[1] *Volkmann*, Der Staat 51 (2012), S. 601 (614).
[2] Ebd.
[3] Vgl. oben S. 13.

Gegensätze"[4] zurücksehnen. Doch die persönlichen Schroffheiten und Gegensätze sind bis heute geblieben, nur eben ohne eine offene verfassungstheoretische Auseinandersetzung.

Dies erklärt aber nur zum Teil, warum gerade der Weimarer Methoden- und Richtungsstreit bis heute eine solche Ausstrahlungswirkung entfaltet. Die Auseinandersetzungen zwischen der Schmitt- und der Smend-Schule wirkten noch in der frühen Bundesrepublik bis in die 1970er Jahre nach.[5] Sodann setzte die Historisierung des Weimarer Methoden- und Richtungsstreits ein, allerdings mit einer Ausnahme: Carl Schmitt. Und mehr noch: Von den zahlreichen Verfassungslehren, die in der Weimarer Republik und in der Bundesrepublik geschrieben wurden, hat allein die von Carl Schmitt einen „relevanten Widerhall in der deutschen Staatsrechtslehre"[6] gefunden. Dies kommt auch in einem der wichtigsten Zitate des Bundesverfassungsgerichts zum Ausdruck, das nun schon fast dreißig Jahre nachwirkt. In der Maastricht-Entscheidung vom 12. Oktober 1993 heißt es: „Die Staaten bedürfen hinreichend bedeutsamer eigener Aufgabenfelder, auf denen sich das jeweilige Staatsvolk in einem von ihm legitimierten und gesteuerten Prozeß politischer Willensbildung entfalten und artikulieren kann, um so dem, was es – relativ homogen – geistig, sozial und politisch verbindet (vgl. hierzu H. Heller, Politische Demokratie und soziale Homogenität, Gesammelte Schriften, 2. Band, 1971, S. 421 [427 ff.]), rechtlichen Ausdruck zu geben."[7] Hier zeigt sich repräsentativ, wie die deutsche Staatsrechtslehre mit dem Weimarer Methoden- und Richtungsstreit bis heute umgeht: Heller zitiert, Smend integriert, Kelsen ignoriert (wenn auch nun schick ediert) und von Schmitt inspiriert.

Warum reißen aber die Pilger- und Wallfahrten nach Plettenberg in der deutschen Staatsrechtslehre nicht ab? Carl Schmitt hat sich in seinem Leben mit nur einem politischen System identifiziert: mit dem Nationalsozialismus.[8] Er hat die nationalsozialistische Diktatur und Gewaltherrschaft gerechtfertigt.[9] Er begründete die „rassische Legitimi-

---

[4] *Volkmann*, Der Staat 51 (2012), S. 601 (614 f.).

[5] Vgl. oben S. 14 f.

[6] *Jestaedt*, in: Depenheuer/Grabenwarter, Verfassungstheorie, § 1, Rn. 4.

[7] BVerfGE 89, 155 (186) [1993] – Maastricht.

[8] *Möllers*, ZIG 4 (2010), S. 107 (110).

[9] *Schmitt*, DJZ 1933, Sp. 455 (458); DR 1933, S. 201 f.; *ders.*, DR 1934, S. 27 ff.; *ders.*, DJZ 1934, Sp. 691 ff.; *ders.*, DR 1934, S. 225 ff.; *ders.*, DJZ 1934, Sp. 945 ff.;

tät"[10] des Nationalsozialismus als eine antisemitische Form des konkreten Ordnungsdenkens.[11] Er verachtete den Liberalismus und das Grundgesetz.[12] Er delektierte sich am politischen Terrorismus. Die Bundesrepublik war für Schmitt – wie er im Kontext des terroristischen Überfalls auf die deutsche Botschaft in Stockholm im Jahr 1975 bekannte – nur einer dieser „Waschlappenstaaten, die da nur noch Angstschreie ausstoßen."[13] Demgegenüber imponierten ihm die Terroristen der Roten Armee Fraktion, wohl weil er glaubte, dass nun sie souverän über den Ausnahmezustand entschieden.[14] Dies alles spiegelt sich in Schmitts *Verfassungslehre* von 1928: Sie bietet eine Anti-Theorie des liberalen Verfassungsstaats, die bis heute ihre autoritäre und gewalttätige Praxis findet.

1. Anti-Theorie und ihre Praxis

Mit seiner *Verfassungslehre* verfolgt Schmitt zwei Ziele: Erstens möchte er eine „Verfassungslehre des bürgerlichen Rechtsstaates"[15] entwerfen. Zweitens will er sich „um den systematischen Aufbau einer Verfassungstheorie [...] bemühen und das Gebiet der Verfassungslehre als besonderen Zweig der Lehre des öffentlichen Rechts [...] behandeln."[16] Doch Schmitt legt in seiner Verfassungstheorie gerade kein System des „bürgerlichen Rechtsstaats" vor. Vielmehr handelt es sich bei seiner *Verfassungslehre* um eine autoritäre Anti-Theorie des liberalen Verfassungsstaats. Sie ist eine offene theoretische Feinderklärung gegenüber der liberalen Demokratie. Schmitt zeichnet eine verzerrte Karikatur der Weimarer Reichsverfassung, die er sodann als verfassungsrechtliche Illusion ent-

---

ders., DJZ 1936, Sp. 15 ff.; *ders.*, Das Reichsstatthaltergesetz, insbesondere S. 24; *ders.*, Staat, Bewegung, Volk, S. 11 ff., insbesondere S. 14 ff., 32 ff., 42 ff.

[10] *Hofmann*, Legitimität gegen Legalität, S. 177.

[11] *Schmitt*, Über die drei Arten des rechtswissenschaftlichen Denkens, S. 10 ff.; für dessen rassistische und antisemitische Anwendung und Umsetzung DJZ 1935, Sp. 1133 ff.; *ders.*, ZgesStW 95 (1935), S. 189 (196 ff.); *ders.*, DJZ 1936, Sp. 1193 ff.; hierzu insgesamt *Hofmann*, Legitimität gegen Legalität, S. 177 ff.

[12] *Schmitt*, Glossarium, S. 96, 148, 176, 196 f., 202, 254, 289, 309, 316, 331, 343.

[13] Zitiert nach *Meier*, Diskussionsbeitrag, S. 396; vgl. hierzu *Hacke*, Die Bundesrepublik als Idee, S. 20 f.

[14] *Gründer*, Diskussionsbeitrag, S. 396.

[15] *Schmitt*, Verfassungslehre, S. XI.

[16] Ebd., S. XI (Klammerzusätze durch den Verfasser).

larven möchte: „*in Wahrheit*“[17] sei die Verfassung ganz anders. Dies kommt bereits in Schmitts verfassungstheoretischer Denunziation des Verfassungsbegriffs des liberalen Verfassungsstaats zum Ausdruck:[18] Der „bürgerliche Rechtsstaat“ – so Schmitt im namentlichen Angriff auf Hans Kelsen – setze auf eine grundgesetzliche Regelung, die aus dem Staat eine Rechtsordnung zu machen suche. Doch: „*In Wahrheit* gilt eine Verfassung, weil sie von einer verfassungsgebenden Gewalt (d.h. Macht oder Autorität) ausgeht und durch deren Willen gesetzt ist.“[19] Deshalb sei es im „bürgerlichen Rechtsstaat“ auch „ungenau und verwirrend, dann immer noch von ‚der‘ Verfassung zu sprechen. *In Wahrheit* meint man eine unsystematische Mehrheit oder Vielheit verfassungsgesetzlicher Bestimmungen. Der Begriff der Verfassung ist zum Begriff eines einzelnen Verfassungsgesetzes relativiert.“[20] Und noch überspitzter: „Die Verfassung selbst löst sich auf diese Weise nach beiden Seiten in Nichts auf: einige mehr oder weniger geschmackvolle Redensarten auf der einen, eine Menge zusammenhangloser, äußerlich gekennzeichneter Gesetze auf der anderen Seite.“[21] Schmitt entwirft hier zunächst eine verzerrte Theorie des „bürgerlichen Rechtsstaats“, indem er dessen rechtsstaatliche Legalität von dessen demokratischer Legitimation trennt, um diesem sodann sein Verständnis demokratischer Legitimation durch die „politische Existenz des deutschen Volkes“[22] entgegenzuhalten. Dies hat unmittelbare Folgen für Schmitts Verständnis der liberalen Verfassung als einer Assemblage: „Es gibt kein geschlossenes Verfassungssystem rein normativer Art, und es ist willkürlich, eine Reihe einzelner Bestimmungen, die man als Verfassungsgesetze auffaßt, als systematische Einheit und Ordnung zu behandeln, wenn nicht die Einheit aus einem vorausgesetzten einheitlichen *Willen* entsteht.“[23] Schmitt sieht die Aufgabe seiner Verfassungstheorie also gerade nicht in der Entfaltung einer liberalen und demokratischen Verfassungsassemblage. Nicht zugespitzte Interpretationen und alternative Verständnisse der Verfassung sollen die Verfassungstheorie prägen. Vielmehr will Schmitt in seiner Verfassungstheorie „systematisch“ die „Wahrheit“ über die „politische Existenz des deutschen Volkes“ sagen. Die

---

[17] Ebd., S. 9, 11, 125, 224 und öfter (Hervorhebung durch den Verfasser).
[18] Ebd., S. 7 ff.
[19] Ebd., S. 9 (Hervorhebung durch den Verfasser).
[20] Ebd., S. 11 (Hervorhebung durch den Verfasser).
[21] Ebd., S. 25.
[22] Ebd., S. 10.
[23] Ebd., S. 10 (Zitat [Hervorhebung im Original]), S. 15 f.

Verfassungslehre richtet sich gegen den „bürgerlichen Rechtsstaat" und die demokratische Verfassungsordnung einer pluralistischen Gesellschaft.

Schmitt profiliert in seiner *Verfassungslehre* die Ordnung eines autoritären Volksstaats als Anti-Theorie des liberalen und demokratischen Verfassungsstaats. Dafür überzieht er das von ihm gezeichnete Zerrbild des „bürgerlichen Rechtsstaats" mit hermetisch überspitzten Begriffen,[24] die in jedem Fall auf das pointierte Gegenteil einer liberalen Verfassungsordnung zielen: Die Verfassung als die „Gesamt-Entscheidung über Art und Form der politischen Einheit"[25] und nicht als demokratisch legitimiertes Verfassungsgesetz. Das Volk als homogene Einheit der existenziell Gleichen und nicht als pluralistische Gesellschaft von Bürgerinnen und Bürgern. Die Politik als existenzielle Unterscheidung von Freund und Feind[26] und nicht als die demokratische Willensbildung der Bürger/innen in einer pluralistischen Öffentlichkeit und in verfassungsstaatlichen Institutionen. Die Normativität der Verfassung unter dem ständigen Vorbehalt der politischen Grundentscheidung und des Ausnahmezustands[27] und nicht als normativer Anspruch der Verfassung, das Handeln der Verfassungsorgane (auch in Krisenzeiten) zu binden und zu leiten. Die Ablehnung jeder verfassungsrechtlichen Relevanz der „Gleichheit alles dessen, ‚was Menschenantlitz trägt'"[28], und nicht die Würde, Freiheit und Gleichheit aller Menschen als Grundlage jeder menschlichen und deshalb auch jeder staatlichen Gemeinschaft. Die Grundrechte als apolitischer Ausdruck von bürgerlicher Rechtsstaatlichkeit[29] und nicht als verfassungspolitische und verfassungsrechtliche Grundlage sozialer und rechtsstaatlicher Demokratie. Demokratie als „Identität von Herrscher und Beherrschten, Regierenden und Regierten, Befehlenden und Gehorchenden"[30] und nicht als repräsentative Entfaltung des demokratischen Willens der Bürger/innen. Politische Legitimation als öffentliche Akklamation und öffentliche Meinung der substantiell Homogenen[31] und nicht als repräsentative, plebiszitäre, partizipative und assoziative

---

[24] *Koselleck*, Reinhart Koselleck über Carl Schmitt, S. 373 (376), zu Überpointierung bei Carl Schmitt.
[25] *Schmitt*, Verfassungslehre, S. 20.
[26] Ebd., S. 162, 279.
[27] Ebd., S. 18, 26, 76 f., 109, 121 f., 176.
[28] Ebd., 226 (Zitat), 233 f.; *ders.*, Begriff des Politischen, S. 26 ff.
[29] *Schmitt*, Verfassungslehre, S. 165.
[30] Ebd., S. 234 (Zitat), S. 223.
[31] Ebd., S. 83, 95, 243 ff., 247, 277, 281 f.

Demokratie. Das Gesetz als Wille und Befehl souveräner Autorität[32] und nicht als Schnittpunkt zwischen individueller und kollektiver Selbstbestimmung. Das Parlament als politisch überholte Oligarchie[33] und nicht als zentrales Verfassungsorgan des demokratischen Diskurses und Entscheidens. Die Exekutive als akklamierte Führerschaft und hilfsweise präsidentielle *pouvoir neutre*[34] und nicht als demokratisch verantwortliche und rechtsstaatlich gebundene Regierung. Das Lob des „genialen Wurfs"[35] der Bismarck-Verfassung bei gleichzeitiger Delegitimation der „sog. verfassungsgebenden Nationalversammlung"[36] in Weimar. Die Denunziation der demokratischen Reichspräsidentschaft Friedrich Eberts durch die Betonung von traditionellen, bellizistischen und antiliberalen Legitimationsressourcen Paul von Hindenburgs.[37] So inszeniert Schmitt den „Typus des bürgerlichen Rechtsstaats" als verfassungstheoretische Farce des liberalen Verfassungsstaats. Die Weimarer Reichsverfassung dient ihm als normativer *Crash Test Dummy*, um die „Wahrheiten" seiner antiliberalen und autoritären Verfassungstheorie zu verkündigen. Wenn Carl Schmitt seine *Verfassungslehre* nach dem Zweiten Weltkrieg mit der Widmung – „Verfassungs-Recht vergeht, Verfassungs-Lehre besteht"[38] – verschenkt hat, so ist dies bestenfalls dem politischen Zynismus eines Staatsrechtslehrers geschuldet, der sich von allen politischen Systemen, die er erlebt hat, nur dem Nationalsozialismus und dessen Rassenlehre persönlich und wissenschaftlich verbunden fühlte.[39]

Doch es geht bei Schmitt nicht nur um Theorie. Schmitts Anti-Theorie des liberalen Verfassungsstaats hatte immer auch eine politische Praxis. Gegner/innen des liberalen Verfassungsstaats konnten und können sich durch Schmitt in ihrer Praxis bestätigt sehen. Das war bereits in der Weimarer Republik und im Nationalsozialismus der Fall und hat sich in der Bundesrepublik nicht geändert. Für die Weimarer Republik hat Schmitt mit seiner Verfassungstheorie des Ausnahmezustands – „Souverän ist, wer

---

[32] Ebd., S. 146.
[33] Ebd., S. 15, 218, 303 ff., 338.
[34] Ebd., S. 350 ff.
[35] Ebd., S. IX.
[36] Ebd., S. 28 f., 84 (Zitat).
[37] Ebd., S. 352.
[38] Widmung der *Verfassungslehre* von Carl Schmitt für Reinhart Koselleck Weihnachten 1954 – zitiert nach *Koselleck/Schmitt*, Der Briefwechsel 1953–1983, S. 74; vgl. ferner *Huhnholz*, Von Carl Schmitt zu Hannah Arendt?, S. 65.
[39] Vgl. oben S. 102 f.

über den Ausnahmezustand entscheidet"[40] – zunächst das verfassungstheoretische Praxishandbuch für die präsidentielle Außerkraftsetzung der Weimarer Reichsverfassung geschrieben:[41] Mit einer verfassungstheoretisch enthemmten Interpretation verwandelte Schmitt Art. 48 Abs. 2 WRV in eine verfassungsrechtlich unbeherrschbare Regelung,[42] die es Hindenburg zunächst erlaubte, die Weimarer Republik von einem parlamentarischen in ein präsidiales Regierungssystem zu überführen, bevor er sie durch die Ernennung von Adolf Hitler zum Reichkanzler am 30. Januar 1933 an die Nationalsozialisten auslieferte.[43] Sodann nutzte Schmitt seine Verfassungstheorie des Ausnahmezustands, um in seinem Aufsatz *Der Führer schützt das Recht* die Röhm-Morde zu rechtfertigen.[44] Die vollkommene Irrationalität dieser Gewaltästhetik des Ausnahmezustands hat Schmitt auch ganz offen bekannt: „Der Ausnahmezustand hat für die Jurisprudenz eine analoge Bedeutung wie das Wunder für die Theologie."[45] Schon am Ende der Weimarer Republik geht es Schmitts Verfassungstheorie um sehr viel mehr als „nur" eine „interessierte Diagnose der Dekomposition des ‚bürgerlichen Rechtsstaats' und des Präsidialsystems"[46]. Er engagiert sich für eine Verfassungspraxis, die dezidiert gegen den liberalen Verfassungsstaat gerichtet war. Dass die reaktionäre Rechte und sodann die Nationalsozialisten Schmitt nicht – wie von diesem erwartet – an politisch führender Stelle „mitspielen" ließen, steht auf einem anderen Blatt. Doch dies ändert nichts an dem Befund: Schmitts Anti-Theorie des liberalen Verfassungsstaats suchte und fand in der Weimarer Republik ihre antiliberale, verfassungsfeindliche, verfassungswidrige Staatspraxis und sodann im Nationalsozialismus ihre terroristische und rassistische Diktatur.

Nicht anders steht es in der Bundesrepublik. Jürgen Habermas hat dies zugespitzt formuliert: „Vorbereitet durch die ‚postmoderne' Rezeption der achtziger Jahre, hat Carl Schmitt seit 1989 erst recht Konjunktur: Nach-

---

[40] *Schmitt*, Politische Theologie, S. 13.

[41] *Kersten*, JuS 2016, S. 193 (194 ff.).

[42] *Schmitt*, VVDStRL 1 (1924), S. 63 ff.; *ders.*, Die Diktatur, S. X f.; *ders.*, Verfassungslehre, S. 109 ff.; *ders.*, Legalität und Legitimität, S. 64 ff., *ders.*, Der Hüter der Verfassung, S. 115 ff.

[43] *Schmitt*, Staatsgefüge und Zusammenbruch des zweiten Reiches, S. 49.

[44] *Schmitt*, DJZ 1934, Sp. 945 ff.; nachträglich *ders.*, Glossarium, S. 361 f.

[45] *Schmitt*, Politische Theologie, S. 43; vgl. hierzu *Loughlin*, Politonomy, S. 124 (129 ff.).

[46] *Mehring*, JZ 2015, S. 860.

holbedarf im Osten, freie Bahn im Westen für die Einstiegsdroge in den Traum vom starken Staat und von der homogenen Nation. Die *Nouvelle Droite* wußte es schon länger: Mit Carl Schmitt läßt sich den Themen ‚Innere Sicherheit', ‚Überfremdung' oder ‚Durchrassung' ein gewisser intellektueller Glanz verleihen."[47] Habermas hat diese Diagnose 1993 anlässlich seiner Besprechung von Dirk van Laaks Monographie *Gespräche in der Sicherheit des Schweigens* formuliert.[48] Doch inzwischen hat sich die politische Lage und mit ihr die Bedeutung von Schmitts Anti-Theorie des liberalen Verfassungsstaats in der politischen Praxis noch weiter zugespitzt: An die Stelle des freiheitlichen Geistes von 1989 ist spätestens seit der Finanz- und Wirtschaftskrise (2008) zunächst das politische Gespenst des Populismus und seit der Flüchtlingskrise (2015) die reale Herrschaft des Populismus in einigen Ländern Europas getreten. Die liberale Demokratie scheint weltweit auf dem Rückzug.[49] Carl Schmitt erweist sich dabei sowohl für den Links- als auch für den Rechtspopulismus als theoretischer Stichwortgeber. Allerdings tut sich der Linkspopulismus schwer, über die Rezeption von Schmitts Freund-Feind-Unterscheidung ein auch nur halbwegs nachvollziehbares theoretisches Konzept und politisches Programm zu entwickeln. Ein Beispiel dafür ist Chantal Mouffes Plädoyer *Für einen linken Populismus*. Auf der Grundlage ihres agonistischen Demokratiemodells[50] wirbt Mouffe für eine an der Freund-Feind-Unterscheidung orientierte linke Hegemonie,[51] die jedoch irgendwo zwischen postmarxistischer Fundamentalopposition, einem Marsch durch die Institutionen und einem „liberale[n] Sozialismus"[52] hängenbleibt.[53] Wenn

[47] *Habermas*, Carl Schmitt in der politischen Geistesgeschichte der Bundesrepublik, S. 113 (Hervorhebung im Original).

[48] *van Laak*, Gespräche in der Sicherheit des Schweigens.

[49] *Möllers*, Merkur 818 (2017), S. 5; *Luce*, The Retreat of Western Liberalism, S. 3 ff.

[50] *Mouffe*, Für einen linken Populismus, S. 103 ff.; vgl. ferner *dies.*, Über das Politische, S. 17 ff.; *dies.*, Das demokratische Paradox, S. 49 ff., insbesondere S. 60 ff.

[51] *Mouffe*, Für einen linken Populismus, S. 12 f., 16 f., 25, 34 f., 45, 53, 59, 70, 75, 92 ff., 104; allerdings *dies.*, ebd., S. 49, für eine begriffliche Relativierung der Freund-Feind-Unterscheidung; hierzu *Specter*, What's „Left" in Schmitt?, S. 427 (446 ff.).

[52] *Mouffe*, Für einen linken Populismus, S. 64 (Klammerzusatz durch den Verfasser).

[53] Ebd., S. 16, 21, 35, 47, 51, 53, 5, 61, 70, 82.

Mouffe in diesem Zusammenhang auf dem „Antiessentialismus"[54] ihrer linken Hegemoniepolitik besteht, soll damit wohl vor allem die identitätspolitische Eskalation der Freund-Feind-Unterscheidung in eine neue Biopolitik vermieden werden. Die Linke und Carl Schmitt: Das war immer eher eine Frage gegenseitiger Faszination, als eine theoretisch oder praktisch weiterführende Option. Nichts zeigt dies deutlicher als das doch eher mühsame philologische Puzzlespiel, in dem das Verhältnis von Carl Schmitt und Walter Benjamin um dessen Brief vom 9. Dezember 1930[55] herum rekonstruiert wird.[56] Auf der politischen Ebene genügt der geteilte Antiliberalismus jedoch nicht für eine Schmitt-Rezeption der Linken, soweit sie sich nicht in einer schlichten Gewaltästhetik erschöpft.

Ganz anders steht es aber auf der politischen Rechten: Carl Schmitts Anti-Theorie des liberalen Verfassungsstaats inspiriert die rechte Metapolitik, die die gewalttätige Praxis der „autoritären Revolte" des Rechtspopulismus und der Neuen Rechten bestimmt.[57] Die Grenzen der Neuen Rechten zum Rechtsterrorismus sind fließend, wie die Morde des NSU und der Mord an Walter Lübcke zeigen. Sie bilden nur die Spitze des Eisbergs: Rechte Gewalt ist Praxis in Deutschland, gegenüber Geflüchteten und Minderheiten, Migrantinnen und Migranten, demokratischen Politikerinnen und Politikern. Dabei verfolgt der Rechtspopulismus und die Neue Rechte ein identitäres Politikverständnis:[58] Sie sehen sich als politisches Sprachrohr des „wahren" Volks, das sie ganz im Sinn Schmitts als eine homogene Einheit begreifen.[59] Sie unterscheiden am Maßstab ethnischer und nationalistischer Identität ganz im Sinne Schmitts existenziell zwischen Freund und Feind.[60] Ethnische und nationalistische Identität bildet das Kriterium für die politische Inklusion der Gleichen und für die politische Exklusion der Anderen. „Der Feind ist" – so Schmitt – „seinem Begriff nach etwas seinsmäßig Anderes und Fremdes, die äußerste

[54] Ebd., S. 20, 74, 100 ff.

[55] Brief *Benjamin/Schmitt*, 9.12.1930, in: Benjamin, Gesammelte Briefe III, S. 558.

[56] *Bredekamp*, DZPihl 46 (1998), S. 901 ff.; ferner auch *ders.*, Der Behemoth, S. 70 f.

[57] *Weiß*, Die autoritäre Revolte, S. 11, 48 ff., 128 ff., 177, 197 f., zur Bedeutung *Carl Schmitts* für die Neue Rechte und die autoritäre Revolte.

[58] *Voßkuhle*, Der Staat 57 (2018), S. 119 ff.; *Kersten*, JuS 2018, S. 929 f.; *J.-W. Müller*, Was ist Populismus?, S. 18 ff., 25 ff., 67 ff.

[59] Vgl. oben S. 105 f.

[60] Vgl. oben S. 68 f.

Steigerung des Anders-Seins, die im Konfliktfalle zur Verneinung der eigenen Art politischer Existenz führt."[61] Auch für diese menschenverachtende Politik finden Rechtspopulisten in Schmitts Schrift über *Die geistesgeschichtliche Lage des heutigen Parlamentarismus* (1923) die für sie entscheidenden Programmsätze: „Zur Demokratie gehört also notwendig erstens Homogenität und zweitens – nötigenfalls – die Ausscheidung und Vernichtung des Heterogenen."[62] In seiner *Verfassungslehre* zählt Schmitt die „Methoden, die nationale Homogenität zu sichern oder zu verwirklichen" auf: „Trennung", „Assimilierung", „Beseitigung des fremden Bestandteils durch Unterdrückung", „Aussiedlung der heterogenen Bevölkerung", „Kontrolle fremden Zugangs", „Methoden der Beherrschung von Ländern mit heterogener Bevölkerung", „Gesetze gegen Überfremdung", „neue Praxis des Staatsangehörigkeitsrechts, Möglichkeit der Expatriierung, Denaturalisierung usw."[63] Auf dieser Grundlage dynamisieren Rechtspopulisten ihre menschenverachtende Hetze gegen Minderheiten. Darüber hinaus agitieren Populisten gegen „Eliten" und „Europa", die vom „wahren" Volk „abgehoben" und „entfremdet" seien. Gelangen Rechtspopulisten an die Macht, setzen sie ihr identitäres Politikkonzept „von oben" durch:[64] Sie machen den Staat zu ihrer Beute, betreiben Klientelismus, unterdrücken Opposition, schüchtern die Zivilgesellschaft ein, beschränken Presse, Rundfunk und Verfassungsgerichtsbarkeit. Sie schreiben die Verfassung zum Zweck des eigenen Machterhalts um. Deshalb ist Populismus nicht nur antipluralistisch, sondern auch antidemokratisch. Populismus ist keine Spielart der Demokratie, sondern eine Gefahr für die Demokratie. Es gibt keine „illiberale Demokratie". „Illiberale Demokratien" sind autoritäre Systeme. Der Populismus bekämpft die Institutionen des liberalen Verfassungsstaats, insbesondere die demokratische Repräsentation. Denn Demokratie ist für Populisten nicht die parlamentarische Repräsentation eines pluralistischen Volks, sondern die homogene Identität von Regierenden und Regierten. Die verfassungstheoretische Gebrauchsanweisung für diese menschenverachtende und antidemokratische Politik hat Carl Schmitt geschrieben.

---

[61] *Schmitt*, Verfassungslehre, S. 377.

[62] *Schmitt*, Die geistesgeschichtliche Lage des heutigen Parlamentarismus, S. 14.

[63] *Schmitt*, Verfassungslehre, S. 232 f.

[64] *J.-W. Müller*, Was ist Populismus, S. 70 ff.

2. Die Relativierung der Überspitzung?

Wie reagiert nun die Verfassungstheorie der Bundesrepublik auf diese Anti-Theorie des liberalen Verfassungsstaats und ihre alte und neue Praxis? Carl Schmitt selbst war sich seiner Rezeption im Nachkriegsdeutschland vollkommen sicher. Ganz in diesem Sinn formuliert er in der Vorbemerkung zur unveränderten Neuauflage seiner *Verfassungslehre* im Jahr 1954: „Die anhaltende Nachfrage nach dieser ‚Verfassungslehre' dürfte sich daraus erklären, daß sie den Typus einer rechtsstaatlich-demokratischen Verfassung mit einer bis auf den heutigen Tag überzeugenden Systematik entwickelt hat."[65] Schmitt verstand also die Nachfrage nach seiner *Verfassungslehre* als wissenschaftliche Akklamation für seine Anti-Theorie des liberalen Verfassungsstaats.

Doch wie schwer die Rezeption von Schmitts Anti-Theorie des liberalen Verfassungsstaats unter dem Grundgesetz fällt, hat Ernst-Wolfgang Böckenförde unterstrichen: „Die liberale Rezeption von Carl Schmitt in der Staatsrechtslehre nach 1945 ist zu einem Teil von mir ausgegangen. Ich habe von seinem Werk immer das herausgesucht, was ich übernehmen und akzeptieren konnte. Seine Kritik der Demokratie oder des Parlamentarismus, die finden Sie bei mir nicht. Aber die Analyse, was bedeutet Repräsentation oder die Unterscheidung von ‚pouvoir constituant' und ‚pouvoir constitué' und die vielen Begriffsprägungen im Verfassungsrecht, die waren für mich einflußreich."[66] Bereits in Bezug auf Bruno Latours Konzept des „Verfassungsrechts der Erde" hat sich gezeigt, wie schwer eine selektive Rezeption Schmitts fällt und warum sie letztlich scheitert.[67] Im Fall Böckenfördes spitzt sich die Frage nach den Möglichkeiten und Grenzen der Schmitt-Rezeption allerdings noch weiter zu:

---

[65] *Schmitt*, Verfassungslehre, S. VII; vgl. auch Brief *Schmitt/Koselleck*, 16.12. 1955, in: Koselleck/Schmitt, Der Briefwechsel 1953–1983, S. 115.

[66] *Böckenförde*, „Beim Staat geht es nicht allein um Macht, sondern um die staatliche Ordnung als Friedensordnung", S. 305 (361); ferner zur liberalen *Schmitt*-Rezeption *Lübbe*, Carl Schmitt liberal rezipiert, S. 427 ff.; Brief *Koselleck/Quaritsch*, 17.1.1991, in: Koselleck/Schmitt, Der Briefwechsel 1953–1983, S. 370 (371): „Rousseau war eben auch ein Liberaler, selbst wenn sich die Waagschale seines Denkens mit einer gewissen Logik zugunsten der radikalen Demokratie gesenkt hat. Das ist nicht unähnlich bei Carl Schmitt, mit der Folge, daß er auch für das formale Begriffspaar Freund und Feind substanzielle Erklärungen benötigt, um eine richtige politische Entscheidung begründen zu können."

[67] Vgl. oben S. 71 ff.

Ist es möglich, eine Theorie via Rezeption in ihr Gegenteil zu verwandeln?[68] Kann Carl Schmitt, der als Verfassungstheoretiker den liberalen Verfassungsstaat verachtet und abgelehnt hat, der theoretische Stichwortgeber für die Entfaltung der liberalen und demokratischen Ordnung des Grundgesetzes werden?

Die Rezeptionsstrategie, mit der Böckenförde dieses Ziel erreichen will, besteht in der Relativierung der Begriffe und Positionen Schmitts. Diese verfassungstheoretische Relativierung erfolgt dabei in zwei Stufen: Eine erste Relativierung vollzieht Böckenförde, indem er von vornherein auf eine selektive Rezeption der Begriffe und Positionen Schmitts setzt. Er rezipiert, was er akzeptieren und übernehmen kann. Die Selektivität dieser Rezeptionsstrategie lässt sich sicherlich mit Blick auf die hermetischen Begriffe und Konzepte Schmitts kritisch hinterfragen. Doch man muss diese Frage nicht formal und im Grundsatz entscheiden. Gerade wenn man die Verfassung(stheorie) als eine Assemblage versteht, bleiben in theoriehistorischer Perspektive immer auch Rezeptionen von Theorieelementen möglich, die in einem neuen normativen und theoretischen Kontext auch eine neue Bedeutung gewinnen können. Dies bedeutet allerdings nicht, dass damit die Frage nach den Möglichkeiten und Grenzen selektiver Theorierezeption geklärt und erledigt wäre. Sie kehrt auf der konkreten Ebene der Theorierezeption wieder. Hier entscheidet sich die Transplantation des rezipierten Theoriefragments in seinem neuen Kontext. Dies führt unmittelbar zu der zweiten Relativierung, die Böckenförde vornimmt, um Schmitt für sein Verständnis des Grundgesetzes zu rezipieren: Die als rezeptionsfähig ausgewiesenen Begriffe und Positionen Schmitts werden inhaltlich ebenfalls relativiert. Unmittelbar anschaulich ist diese rezeptive Relativierungsstrategie in der Verwandlung der substanziellen Homogenität des Volkes als Grundlage der Demokratietheorie Schmitts[69] in die „relative Homogenität"[70] als Voraussetzung des säkularisierten bzw. demokratischen Staats bei Böckenförde.

Ob diese relativierende Begriffsrezeption wirklich aufgeht, lässt sich am Beispiel des Böckenförde-Theorems diskutieren, mit dem sich die

[68] *Hacke*, Philosophie der Bürgerlichkeit, S. 185, zu dieser zentralen Frage einer liberalen *Schmitt*-Rezeption.

[69] Vgl. oben S. 105 f.

[70] *Böckenförde*, Der Begriff des Politischen als Schlüssel zum staatsrechtlichen Werk Carl Schmitts, S. 344 (346, 348, 352); *ders.*, HStR II, 3. Aufl. 2004, § 24, Rn. 63 f.

Bundesrepublik seit fünfzig Jahren immer wieder selbst konfrontieren zu müssen glaubt. „*Der freiheitliche, säkularisierte Staat lebt von Voraussetzungen, die er selbst nicht garantieren kann.* Das ist das große Wagnis, das er, um der Freiheit willen, eingegangen ist. Als freiheitlicher Staat kann er einerseits nur bestehen, wenn sich die Freiheit, die er seinen Bürgern gewährt, von innen her, aus der moralischen Substanz des einzelnen und der Homogenität der Gesellschaft, reguliert. Andererseits kann er diese inneren Regulierungskräfte nicht von sich aus, das heißt mit den Mitteln des Rechtszwanges und autoritativen Gebots, zu garantieren suchen, ohne seine Freiheitlichkeit aufzugeben und – auf säkularisierter Ebene – in jenen Totalitätsanspruch zurückzufallen, aus dem er in den konfessionellen Bürgerkriegen herausgeführt hat.“[71] Das Böckenförde-Theorem ist Ausdruck einer Schmitt-Rezeption: Böckenförde nimmt zunächst die Frage Schmitts auf, ob sich der Staat nicht selbst zerstört, wenn er seinen Bürgerinnen und Bürgern liberale Freiheiten gewährt; und er beantwortet diese Frage – zumindest teilweise – mit einer Rezeption des Schmittschen Begriffs der „Homogenität“, den Böckenförde jedoch im Sinn einer „relativen Homogenität“ verstehen möchte.

Den verfassungstheoretischen Ausgangspunkt des Böckenförde-Theorems bildet also mit dem Verweis auf die konfessionellen Bürgerkriege des 16. und 17. Jahrhunderts nur auf den ersten Blick die staatsphilosophische Begründung des modernen Staats durch den *Leviathan* (1651) von Thomas Hobbes: Die Menschen beenden den Religions- und Bürgerkrieg, indem sie den Krieg aller gegen alle in einen Gesellschafts- und Staatsvertrag eines jeden mit jedem überführen.[72] Vielmehr stellt sich Böckenförde bereits mit seiner Feststellung, dass der moderne Staat ein Wagnis eingehe, wenn er seinen Bürgern Freiheit gewähre, in eine Tradition der Hobbes-Rezeption, die Carl Schmitt in seiner Schrift *Der Leviathan in der Staatslehre des Thomas Hobbes* (1938) mit dem programmatischen Untertitel *Sinn und Fehlschlag eines politischen Symbols* formuliert hat. Schmitt stellt in seinem antiliberalen Anti-*Leviathan* fest, dass insbesondere die Gewährleistung der Religions- und Gewissensfreiheit schon den „Todeskeim“ in sich trug, „der den mächtigen Leviathan von innen her zerstört

[71] *Böckenförde*, Die Entstehung des Staates als Vorgang der Säkularisation, S. 92 (112 f. [Hervorhebung im Original]); vgl. hierzu *Mangold*, Das Böckenförde-Diktum.

[72] *Hobbes*, Leviathan, 13. Kapitel (S. 96), 17. Kapitel (S. 134 f.), 18. Kapitel (S. 136).

und den sterblichen Gott zur Strecke gebracht hat."[73] Der politische Streit um die Religions- und Gewissensfreiheit, der über die konfessionellen Bürgerkriege des 16. und 17. Jahrhunderts zur Begründung des modernen Staats führte, trägt nach Auffassung Schmitts über die rechtliche Anerkennung der Religions- und Gewissensfreiheit im modernen Staat zu dessen Auflösung bei. In der Religions- und Gewissensfreiheit sieht Schmitt das Grundrecht, von dem aus sich historisch die Menschen- und Bürgerrechte in einer liberalen Gesellschaft entfalten. Sie bilden zugleich die Grundlage für das Erstarken und die Entwicklung von „indirekten Gewalten"[74], womit Schmitt die Kirchen und Interessensorganisationen, die sozialen Verbände und Gewerkschaften und insbesondere die politischen Parteien meint. Diese „untereinander sonst so feindlichen indirekten Gewalten waren sich plötzlich einig und verbündeten sich zum ‚Fang des großen Wals'. Sie haben ihn erledigt und ausgeweidet."[75] Individualismus, Liberalismus und Pluralismus erkennen die absolute Ordnungsfunktion des modernen Staats nicht an. Sie lassen sich durch das mythische und biblische Schreckenssymbol des Leviathan nicht (mehr) einschüchtern, sondern wollen die staatliche Ordnung freiheitlich, liberal und pluralistisch gestalten. Individualismus, Liberalismus und Pluralismus trauten es sich – so noch einmal Schmitt – vor dem Hintergrund einer dynamischen Technik- und Medienentwicklung zu, den Leviathan „wie andere Saurier und Mastodonten unter Naturschutz zu stellen und als eine museale Angelegenheit im Zoologischen Garten zu zeigen."[76]

An dieser Stelle knüpft das Böckenförde-Theorem an: Böckenförde sieht wie Schmitt, dass der moderne Staat, der aus den Bürger- und Religionskriegen des 16. und 17. Jahrhunderts entstanden ist, seine Ordnungsfunktion nicht mehr mit autoritativen Geboten und rigidem Rechtszwang erfüllen kann. Doch im Unterschied zu Schmitt verachtet Böckenförde nicht den Verfassungsstaat, sondern will ihn durch eine liberale Rezeption Schmitts verteidigen. Deshalb sucht er in der Unterscheidung von Staat und Gesellschaft nach neuen Stabilitätsfaktoren für die liberale Gesellschafts- und Staatsordnung – und entdeckt sie in „der

---

[73] *Schmitt,* Der Leviathan in der Staatslehre des Thomas Hobbes, S. 86 (Klammerzusatz durch den Verfasser); vgl. hierzu *Holmes,* The Anatomy of Antiliberalism, S. 50 ff.

[74] *Schmitt,* Der Leviathan in der Staatslehre des Thomas Hobbes, S. 116.

[75] Ebd., S. 124.

[76] Ebd., S. 125.

moralischen Substanz des einzelnen und der Homogenität der Gesellschaft". Weil der moderne Staat seine friedensstiftende Ordnungsfunktion in einer liberalen Gesellschaft (zumindest teilweise) einbüßt, muss sich die gesellschaftliche Freiheit (zumindest teilweise) selbst regulieren, damit ein friedliches Zusammenleben der Bürger/innen überhaupt möglich ist und bleibt. Staatliche Ordnungen funktionieren nach der Auffassung Böckenfördes also nur, wenn die Bürger/innen in der Ausübung ihrer individuellen Freiheit eine „moralische Substanz" politisch an den Tag legen und sozialer Pluralismus durch die „Homogenität der Gesellschaft" eingegrenzt wird. Auf diese Weise werden die antiliberalen und antipluralistischen Vorbehalte Schmitts für die demokratische Verfassungsordnung des Grundgesetzes weich nachgezeichnet und zugleich zwei staatsrechtliche Verfassungserwartungen an die Gesellschaft formuliert: erstens die „moralische Substanz des einzelnen" und zweitens die relative „Homogenität der Gesellschaft".

Insbesondere die von Böckenförde für das Gelingen staatlicher Ordnung vorausgesetzte „(relative) Homogenität der Gesellschaft" hat sich unmittelbar in seinem Staats- und Demokratieverständnis niedergeschlagen. Böckenförde selbst hat – sowohl im zitatweisen Rekurs auf Herrmann Heller[77] als auch auf Carl Schmitt – die „relative Homogenität innerhalb der Gesellschaft"[78] als Voraussetzung für den Staat als politische Friedenseinheit und als Bedingung für die Demokratie beschrieben:[79] An dieser Stelle gewinnt Böckenförde Anschluss an seine Rezeption von Schmitts Monographie *Der Begriff des Politischen* (1932). Diese Schrift sei – so Böckenförde – immer wieder missverstanden worden[80] und müsse deshalb „gegenüber einem Wall von Missverständnissen freigeschaufelt werden"[81]. In der politischen Einheit des Staats „verbleiben aber alle Gegensätze, Konflikte und Auseinandersetzungen *unterhalb* der Ebene

[77] *Heller*, Politische Demokratie und soziale Homogenität, S. 421 (427 ff.).

[78] *Böckenförde*, HStR II, 3. Aufl. 2004, § 24, Rn. 63 f., mit Verweis auf *Hermann Heller*; *ders.*, Der Begriff des Politischen als Schlüssel zum staatsrechtlichen Werk Carl Schmitts, S. 344 (346, 348, 352), mit Verweis auf *Carl Schmitt*; darüber hinaus *ders.*, HStR II, 3. Aufl. 2004, § 24, Rn. 64, mit Verweis auf „Freund-Feind-Gruppierungen".

[79] *Böckenförde*, HStR II, 3. Aufl. 2004, § 24, Rn. 64.

[80] *Böckenförde*, „Beim Staat geht es nicht allein um Macht, sondern um die staatliche Ordnung als Friedensordnung", S. 305 (362).

[81] *Böckenförde*, Der Begriff des Politischen als Schlüssel zum staatsrechtlichen Werk Carl Schmitts, S. 344 (345).

einer Freund-Feind-Gruppierung; das heißt, sie werden von einer auf relativer Homogenität der zusammenlebenden Menschen beruhenden Zusammengehörigkeit (Freundschaft) übergriffen und fügen sich mithin der durch das staatliche Gewaltmonopol gewährleisteten Friedensordnung ein."[82] Die „relative Homogenität", welche die Demokratie erfordere, geht nach der Auffassung von Böckenförde noch ein Stück darüber hinaus: Relative Homogenität „zeigt sich als ein sozialpsychologischer Zustand, in welchem die vorhandenen politischen, ökonomischen, sozialen, auch kulturellen Gegensätzlichkeiten und Interessen durch ein gemeinsames Wir-Bewußtsein, einen sich aktualisierenden Gemeinschaftswillen gebunden erscheinen."[83] Die Grundlage, aus der sich relative Homogenität herleite, könne unterschiedlich sein. Sie könne „in ethnisch-kultureller Eigenart oder einem mental verfestigten kulturellen Erbe, in gemeinsam durchlebter politischer Geschichte, in gemeinsamer Religion, gemeinsamem nationalen Bekenntnis u. ä. ihren Grund haben, wobei diese Kräfte nebeneinander bestehen und sich ergänzen können."[84] Böckenfördes Konzept der relativen Homogenität als Voraussetzung der Demokratie ist – einschließlich des Herrmann-Heller-Zitats – in die Rechtsprechung des Bundesverfassungsgerichts und ganz konkret in das Maastricht-Urteil vom 12. Oktober 1993 eingegangen. Die Grenzen der europäischen Integration werden in einem Staatsvolk gesehen, das „dem, was es – relativ homogen – geistig, sozial und politisch verbindet [...], rechtlichen Ausdruck"[85] geben kann. Dabei lassen sich sowohl die Ausführungen Böckenfördes als auch des Bundesverfassungsgerichts wiederum mit Carl Schmitts *Verfassungslehre* abgleichen, wobei Parallelen und Unterschiede sichtbar werden: „Die politische Demokratie kann daher nicht auf der Unterschiedslosigkeit aller Menschen beruhen, sondern nur auf der Zugehörigkeit zu einem *bestimmten Volk*, wobei diese Zugehörigkeit zu einem Volk durch sehr verschiedene Momente (Vorstellungen gemeinsamer Rasse, Glauben, gemeinsames Schicksal und Tradition) bestimmt sein kann."[86]

---

[82] Ebd., S. 346 (Hervorhebung im Original).

[83] *Böckenförde*, HStR II, 3. Aufl. 2004, § 24, Rn. 63.

[84] Ebd., Rn. 64. *Böckenförde* hat seine Beschreibung des Staatsvolks als eine „politische Schicksalsgemeinschaft" (HStR I, 1. Aufl., 1987, § 22, Rn. 26) abgeschwächt (HStR II, 3. Aufl., 2004, § 26, Rn. 26).

[85] BVerfGE 89, 155 (186 [Klammerzusatz durch den Verfasser]) [1993] – Maastricht; vgl. hierzu oben S. 102.

[86] *Schmitt*, Verfassungslehre, S. 227 (Hervorhebung im Original).

3. Die Zuspitzung des Relativen

Eine liberale Verfassungstheorie, die das Grundgesetz als eine Assemblage versteht, begegnet Schmitts Anti-Theorie des liberalen Verfassungsstaats nicht mit relativierender Toleranz, sondern mit einer klaren und zugespitzten Gegenposition: Schmitt ist ein Verfassungstheoretiker zunächst des autoritären und sodann des nationalsozialistischen Staats. Deshalb kann Schmitt auch nichts zum Verständnis des Grundgesetzes beitragen. Es ist eigentlich verwunderlich, dass man dies immer noch und immer wieder formulieren muss. Gegenwärtig geht es der Schmitt-Rezeption allerdings nicht mehr um das verfassungsrechtliche Ammenmärchen, Schmitts Verfassungstheorie habe sich in der Gestaltung des Grundgesetzes niedergeschlagen.[87] Vielmehr setzt die akademische Plettenberger Denkmalpflege heute darauf, Schmitt einerseits zu einem weltweit beachteten Klassiker politischen Denkens zu stilisieren und andererseits seine Lebenszeugnisse vor allem in Form seiner Tagebücher zu publizieren. Auf diese Weise bestimmen Universalisierung und Intimität die Leitplanken der Schmitt-Rezeption, über die Schmitts Anti-Theorie des liberalen Verfassungsstaats, deren autoritäre und nationalsozialistische Praxis sowie deren rechtspopulistische und rechtsradikale Aktualisierungen vollkommen aus dem Blick geraten.

Eine liberale Rezeption der Positionen und Begriffe Carl Schmitts ist nicht möglich. Deshalb ist auch das Böckenförde-Theorem aus der Perspektive einer liberalen Verfassungstheorie nicht nachvollziehbar:[88] Dies gilt erstens mit Blick auf die These, dass der freiheitliche, säkularisierte Staat von Voraussetzungen lebe, die er selbst nicht garantieren könne. Aus liberaler Perspektive stellt dies kein Paradox, sondern eine Selbstverständlichkeit dar. Die individuellen und kollektiven Freiheiten liberaler und säkularisierter Verfassungsstaaten führen zu einer funktionalen Ausdifferenzierung der Gesellschaft. Aus diesem Grund vermag der Staat selbstverständlich seine Voraussetzungen einerseits nicht mehr autoritativ zu garantieren, wenn es um Gesundheit und Medizin, Bildung und Wissenschaft, Kultur und Religion, Ökonomie und Ökologie geht. Andererseits trägt der Staat aber insbesondere als Sozialstaat auch zu den

[87] *Mußgnug*, Carl Schmitts verfassungsrechtliches Werk und sein Fortwirken im Staatsrecht der Bundesrepublik Deutschland, S. 517 ff.; kritisch *Schlink*, RJ 10 (1991), S. 160 ff.

[88] Vgl. oben S. 112.

gesellschaftlichen Voraussetzungen bei, die Freiheit und sozialen Zusammenhalt, Demokratie und Rechtsstaatlichkeit ermöglichen.[89] Zweitens überzeugt aus liberaler Perspektive die geistesgeschichtliche Problembeschreibung nicht, der Staat gehe ein Wagnis ein, wenn er den Bürgerinnen und Bürgern Freiheit gewähre. Wie wir bereits gesehen haben, verlässt sich diese Variation der Wagnis-These bereits auf die Hobbes-Interpretation Schmitts.[90] Soweit sich eine liberale Verfassungstheorie überhaupt auf eine solche Hobbes-Rezeption einlässt, würde sie die Wagnis-These gerade umgekehrt formulieren: Mit ihrem Vertragsschluss riskieren die Bürger/innen den Leviathan, also den Staat. Das politische Wagnis liegt also in der Autorität des Staats und nicht in der Freiheit der Bürger/innen. Drittens tut sich eine liberale Verfassungstheorie mit der „relativen Homogenität" des Staatsvolks schwer, die über eine relativierte Freund-Feind-Unterscheidung zur Voraussetzung des Demokratieprinzips und – sodann in der Maastricht-Entscheidung des Bundesverfassungsgerichts[91] – zum Einwand gegenüber der europäischen Integration wird. Schmitts Begriffe und Konzepte von Homogenität und Politik sind hermetisch. Sie lassen sich nicht relativieren. Was geschieht, wenn aufgrund der gesellschaftlichen Entwicklung die Relativität der „relativen Homogenität" als Voraussetzung und Erwartung der Demokratie und des säkularisierten Staats nicht mehr gewährleistet wäre? Steht dann wieder „die Ausscheidung und Vernichtung des Heterogenen"[92] auf der „demokratischen" Agenda? Das Gleiche gilt für den Wegfall der theoretischen Weichspülung der Freund-Feind-Unterscheidung: Greifen dann auch hier wieder die Schmittschen Original-Rezepte der Vernichtung? Mit anderen Worten: Homogenität bleibt Homogenität. Freund und Feind bleiben Freund und Feind. Diese hermetischen Begriffe und Konzepte lassen sich in ihrer antiliberalen Überspitzung nicht liberal relativieren. Aber selbst wenn sich die Schmitt-Rezeption nicht mit Schmitt-Fragen auseinandersetzen will: Es bestehen auch grundlegende liberale Einwände gegen Böckenfördes Bestimmung der „relativen Homogenität", wenn diese in „ethnisch-kultureller Eigenart

---

[89] *Böckenförde*, HStR II, 3. Aufl. 2004, § 24, Rn. 64, verweist insofern auf das Erziehungs- und Bildungswesen, um „Homogenitätselemente in die nachwachsende Generation" zu vermitteln; hierzu auch *Schlink*, Der Staat 58 (2019), S. 441 (443 f.).

[90] Vgl. oben S. 113.

[91] Vgl. oben S. 102, 116.

[92] *Schmitt*, Die geistesgeschichtliche Lage des heutigen Parlamentarismus, S. 14; vgl. oben S. 110.

oder einem mental verfestigten kulturellen Erbe, in gemeinsam durchlebter politischer Geschichte, in gemeinsamer Religion, gemeinsamem nationalen Bekenntnis" bestehen sollen.[93] Es hat den Liberalismus gerade in Deutschland viel politische Kraft gekostet, die Freiheit und Gleichheit der Bürger/innen gegen ethnisch-kulturelle Eigenarten, ein mental verfestigtes kulturelles Erbe, eine gemeinsam durchlebte politische Geschichte, eine gemeinsame Religion und ein gemeinsames nationales Bekenntnis durchzusetzen.[94] Deshalb wendet sich der politische Liberalismus vollkommen zu Recht gegen diese Bestimmung und Forderung „relativer Homogenität" als „Verfassungserwartung" des demokratischen Verfassungsstaats. Aus diesem Grund kann man die liberale Schmitt-Rezeption – in Anlehnung an Sebastian Huhnholz – als eine „liberalismustheoretische Deutung in liberalismuskritischer Absicht"[95] einordnen. In anderen Worten: Liberale kommen nicht auf die Idee einer liberalen Schmitt-Rezeption. Denn aus liberaler Perspektive gilt: Entweder handelt es sich um eine Schmitt-Rezeption, dann ist sie nicht liberal. Oder es geht um die Verfassungstheorie des liberalen Verfassungsstaats, dann handelt es sich aber nicht um eine Schmitt-Rezeption.

Die liberale Antwort auf Carl Schmitts Anti-Theorie des demokratischen Verfassungsstaats liegt also nicht in der Relativierung dessen antidemokratischer und antiliberaler Überspitzungen, sondern in der Zuspitzung des Relativen, also den liberalen und demokratischen Relationen der Verfassungsassemblage des Grundgesetzes. Die liberale Konfrontation Carl Schmitts kann dabei antithetisch Punkt für Punkt erfolgen, wie dies bereits oben in der Gegenüberstellung von Schmitts *Verfassungslehre* und einer liberalen Verfassungstheorie geschehen ist.[96] Die liberale Verfassungstheorie kann aber auch die Verfassungsassemblage des Grundgesetzes entfalten, um sie Schmitts Anti-Theorie des liberalen Verfassungsstaats und ihrer – heute – rechtspopulistischen und rechtsextremistischen Praxis entgegenzusetzen: Die liberale Verfassungsordnung des Grundgesetzes beruht auf der Würde aller Menschen (Art. 1 Abs. 1 GG), auf Freiheit und Gleichheit (Art. 2 ff. GG), Demokratie, Rechts- und Sozialstaatlichkeit (Art. 20 Abs. 1–3 GG) und der europäischen und internationalen Integration (Satz 1 GG-Präambel, Art. 1 Abs. 2, Art. 23

[93] Vgl. oben S. 116.
[94] *Dahrendorf*, Gesellschaft und Demokratie in Deutschland.
[95] *Huhnholz*, Von Carl Schmitt zu Hannah Arendt?, S. 122.
[96] Vgl. oben S. 105 f.

Abs. 1 GG). Das Grundgesetz entfaltet eine pluralistische Gesellschaftsordnung (Art. 5 Abs. 1, Art. 8 Abs. 1, Art. 9 Abs. 1, Art. 21 GG) in einer parlamentarischen Demokratie (Art. 20 Abs. 2 und 3, Art. 38 ff. GG) mit unabhängiger Gerichtsbarkeit (Art. 92 ff. GG). Die Bundesrepublik ist eine wehrhafte Demokratie (Art. 5 Abs. 3 Satz 2, Art. 9 Abs. 2, Art. 21 Abs. 2–4, Art. 33 Abs. 5 GG) und erkennt die Fortgeltung der Rechtsvorschriften ausdrücklich an, die zur „Befreiung des deutschen Volkes von Nationalsozialismus und Militarismus" erlassen wurden (Art. 139 GG).[97]

---

[97] Vgl. hiergegen die Polemik von *Schmitt*, Glossarium, S. 197.

VII. Synthese: Die Gesellschaft der Repräsentationen

Das Verständnis des Grundgesetzes als zuspitzungsbedürftige Verfassungsassemblage eröffnet die Möglichkeit einer verfassungstheoretischen Synthese, die die Herausforderungen ihrer Zeit annimmt. An sozialen und politischen, ökonomischen und ökologischen, technischen und kommunikativen Herausforderungen fehlt es nicht. Dies zeigen auch die Beispielsfälle, die bisher zur Erläuterung der Notwendigkeit der verfassungstheoretischen Zuspitzungen des Grundgesetzes gedient haben: die Strukturen der Demokratie,[1] die Rechte der Natur,[2] die Ästhetik der Verfassung,[3] die Gefährdung der liberalen Demokratie und der europäischen Integration durch Links- und insbesondere Rechtspopulismus.[4] Versucht man eine verfassungstheoretische Synthese dieser Herausforderungen zu bilden, so erleben wir gegenwärtig eine Krise der politischen Repräsentation. Wir befinden uns auf der „Jagd nach dem ‚demos'"[5]. Allerdings erinnert die Paranoia, mit der wir gegenwärtig das Subjekt der Demokratie suchen, sehr an die Jagd auf Herman Melvilles *Moby Dick*. Wie der weiße Wal scheint heute nicht der Leviathan, sondern das Volk immer wieder einmal aus der politischen Tiefe aufzutauchen: mehr Mythos als Realität in der scheinbar federleichten „Gesellschaft der Singularitäten"[6] ohne Solidaritäten. Damit aber diese Jagd nach dem *demos* nicht in dem politischen Verfolgungswahn Ahabs und dem Untergang der Pequod endet, ist es notwendig, dass die Verfassungstheorie Diskussionsangebote für die Reflexion und Weiterentwicklung unseres Verständnisses demokratischer Repräsentation unterbreitet.

---

[1] Vgl. oben. S. 52.
[2] Vgl. oben. S. 73 ff.
[3] Vgl. oben. S. 81 ff.
[4] Vgl. oben. S. 107 f.
[5] *Dahrendorf*, Die Krisen der Demokratie, S. 77.
[6] *Reckwitz*, Die Gesellschaft der Singularitäten.

Einen Anknüpfungspunkt dafür bietet das „Drei-Schichten-Modell moderner Staatlichkeit“[7], das Thomas Vesting in seiner kulturwissenschaftlichen *Staatstheorie* (2018) entwickelt hat:[8] Auf der Grundlage des frühmodernen Territorialstaats haben sich der Verfassungs-, der Wohlfahrts- und aktuell der Netzwerkstaat ausdifferenziert. Um die Verfassung dieses Netzwerkstaats zu begreifen, regt Vesting an, die sozialen, medialen und politischen Bedingungen der Netzwerkkultur und Netzwerkgesellschaft näher zu beschreiben. Der entscheidende Punkt des Denkens und Lebens in einer Netzwerkgesellschaft und Netzwerkkultur scheint mir vor allem eine Frage zu sein: Wer und was kommt wann, wo, wie und warum vor? Deshalb lässt sich die Netzwerkgesellschaft in verfassungstheoretischer Perspektive auch als eine Gesellschaft der Repräsentationen begreifen. Mit dem Wandel der politischen Repräsentation unter neuen sozialen, medialen und kommunikativen Bedingungen steht aber zugleich auch einer der schwierigsten Begriffe auf der Agenda, den die Verfassungstheorie überhaupt zu bieten hat. Deshalb müssen wir die identitätspolitischen Fragen der Gesellschaft der Repräsentationen verfassungstheoretisch diskutieren und sie in der Verfassungsassemblage des Grundgesetzes entfalten.

1. Identitätspolitik und Diversitätsprinzip

Wie repräsentativ ist unsere demokratische Repräsentation? Die Kritik, die politische Repräsentation sei nicht repräsentativ genug, hat die demokratische Repräsentation schon immer begleitet und verändert. Die Ausweitung des Wahlrechts über soziale Grenzen im 19. Jahrhundert und über Geschlechtergrenzen im 20. Jahrhundert sind Beispiele dafür. Aktuell wird unter dem Stichwort der Identitätspolitik die Frage gestellt, wie repräsentativ die politische und insbesondere die parlamentarische Repräsentation in der Bundesrepublik ist. Dabei zielen Identitätspolitiken auf individuelle und kollektive Anerkennung von Personen und Gruppen.[9]

---

[7] *Vesting*, Staatstheorie, Rn. 305.

[8] Ebd., Rn. 304 ff.

[9] *Taylor*, Die Politik der Anerkennung, S. 11 ff.; *Fukuyama*, Identity, S. 3 ff., 12 ff., 37 ff., 42 ff., 50 ff.; *Susemichel/Kastner*, Identitätspolitiken, S. 7 ff., 29 ff., 73 ff., 120 ff., 131 ff.; aus verfassungsrechtlicher Perspektive differenzierend *Thiele*, DVBl. 2018, S. 1112 ff.; kritisch *Schorkopf*, Staat und Diversität, S. 15 ff., 27 ff.

Sie sind programmatisch und praktisch sehr vielgestaltig. So haben sich autoritäre, reaktionäre und faschistische Identitätspolitiken vor allem im Kontext des Rechtspopulismus entwickelt, die auf ein homogenes Volk setzen, Minderheiten terrorisieren und gegen gesellschaftlichen Pluralismus, den liberalen Verfassungsstaat und die Europäische Union hetzen.[10] Im Gegensatz dazu reagieren emanzipatorische Identitätspolitiken auf individuelle und kollektive Diskriminierung, Gewalterfahrungen und Kolonialisierung. Sie setzen auf die Überwindung stigmatisierender Praktiken durch individuelle und kollektive Anerkennung, insbesondere wenn es um Diskriminierungen aufgrund von Geschlecht, Behinderung, Alter, Herkunft, Sprache, Religion und Weltanschauung, sozialem Status und sexueller Orientierung geht.

Mit Blick auf diese emanzipatorischen Identitätspolitiken, die allein im Fokus der folgenden Überlegungen stehen sollen, muss die Verfassungstheorie vor allem entscheiden, wie sie mit dem identitätspolitischen Paradox umgehen soll.[11] Dieses besteht darin, dass Identitätspolitik an Merkmale und Unterscheidungen anknüpft, die es eigentlich diskriminierungsrechtlich zu überwinden gilt. Wenn über Identitätspolitiken gestritten wird, scheinen sich immer zwei Positionen unversöhnlich gegenüber zu stehen: auf der einen Seite der identitätspolitische Essentialismus, der individuelle und kollektive Unterscheidungen verfassungsrechtlich explizit machen möchte, und auf der anderen Seite der identitätspolitische Antiessentialismus, der individuelle und kollektive Unterscheidungen für unerheblich erklärt bzw. überwinden will. Doch aus verfassungstheoretischer Perspektive kann es nicht um ein Entweder-Oder, sondern nur um ein Sowohl-als-Auch von Essentialismus und Antiessentialismus gehen. Beide Positionen haben eine verfassungsrechtliche Funktion. Die Funktion des Essentialismus wird deutlich, wenn man sich die Gründe für emanzipatorische Identitätspolitiken vor Augen führt:[12] Diese liegen in Diskriminierungs- und Gewalterfahrungen von Menschen und Gruppen, die im Fall des Kolonialismus und Nationalsozialismus auch historisch zurückliegen können. Deshalb gibt es für Menschen und Gruppen auch im liberalen Verfassungsstaat gute Gründe, essentialistisch zu argumen-

---

[10] Vgl. oben. S. 109.

[11] *Mangold*, Repräsentation von Frauen und gesellschaftlich marginalisierten Personengruppen als demokratietheoretisches Problem, S. 109 (121 m.w.N.); *Susemichel/Kastner*, Identitätspolitiken, S. 8.

[12] *Susemichel/Kastner*, Identitätspolitiken, S. 7 ff.

tieren; und dies wird sowohl für individuelle Personen als auch für Gruppen grundrechtlich geschützt: durch das Allgemeine Persönlichkeitsrecht (Art. 2 Abs. 1 i. V. m. Art. 1 Abs. 1 GG), die Gleichheitssätze und die Diskriminierungsverbote (Art. 3, Art. 33 Abs. 1–3 GG), aber auch durch die Glaubens-, Meinungs-, Kunst-, Versammlungs- und Vereinigungsfreiheit (Art. 4 Abs. 1 und 2, Art. 5 Abs. 1 Satz 1, Art. 5 Abs. 3 Satz 1, Art. 8 Abs. 1 und Art. 9 Abs. 1 GG). Zugleich hat im liberalen Verfassungsstaat aber auch jede Person das Recht, nicht auf Identitätsmerkmale festgelegt zu werden. Aus diesem Grund besteht gerade im liberalen Verfassungsstaat nicht nur das Recht, sondern auch die Pflicht, antiessentialistisch zu argumentieren. Dies wird ebenfalls verfassungsrechtlich gewährleistet: Das Persönlichkeitsrecht, die Gleichheitssätze und die Diskriminierungsverbote, die Religionsfreiheit sowie das staatliche Neutralitätsgebot sind hier einschlägig. Der liberale Verfassungsstaat muss folglich sowohl mit identitätspolitischem Essentialismus als auch Antiessentialismus gleichzeitig angemessen umgehen. Dies ist die Aufgabe des Diversitätsprinzips, das aus den Grundrechten (Art. 1 ff. GG) sowie dem Demokratie-, Rechtsstaats- und Sozialstaatsprinzip (Art. 20 Abs. 1–3 GG) abgeleitet werden kann. Das Diversitätsprinzip hat die verfassungsrechtliche Funktion, zwischen identitätspolitischem Essentialismus und Antiessentialismus so zu vermitteln, dass es nicht zu einer Verletzung von individuellen und kollektiven Rechten und Verfassungsprinzipien kommt. Dabei muss es dem Diversitätsgrundsatz – metaphorisch ausgedrückt – darum gehen, Identitäten im liberalen Verfassungsstaat gleichsam in der „Schwebe“ zwischen Essentialismus und Antiessentialismus zu halten. Ein zentraler Baustein dafür scheint mir, die symbolische Sichtbarkeit individueller und kollektiver Diversität zu sein, die den liberalen Pluralismus der bundesrepublikanischen Gesellschaft für uns alle begreifbar und erlebbar macht.

2. ***Re*präsentation vs. Re*präsentation***

Die Beantwortung der Frage, wie sich das „Schweben“ des Diversitätsprinzips in der Verfassungsassemblage entfalten lässt, hängt maßgeblich von dem Verständnis demokratischer Repräsentation ab, das dem Grundgesetz zugrunde liegt. Dabei ist wohl kaum ein anderer Grundsatz unserer Verfassung so theoriebedürftig und damit zugleich auch so theorieabhängig wie das Repräsentationsprinzip. In der deutschen Staatsrechtslehre konkurrieren heute vor allem zwei Theorieansätze, um das Repräsentationsprinzip in der demokratischen Verfassungsordnung zu konkretisieren. In einer begriffsprägenden Differenzierung unterscheidet Oliver Lepsius zwischen dem Substanz- und Relationsmodell.[13] Dabei setzt das Substanzmodell der Repräsentation auf eine „rein ideelle Urbild-Abbild-Dialektik"[14]. So meint Carl Schmitt in seiner *Verfassungslehre*: „Repräsentation ist kein normativer Vorgang, kein Verfahren und keine Prozedur, sondern etwas *Existenzielles.* Repräsentieren heißt, ein unsichtbares Sein durch ein öffentlich anwesendes Sein sichtbar machen und vergegenwärtigen. Die Dialektik des Begriffs liegt darin, daß das Unsichtbare als abwesend vorausgesetzt und doch gleichzeitig anwesend gemacht wird. [...] Die Idee der Repräsentation beruht darauf, daß ein als *politische Einheit* existierendes Volk gegenüber dem natürlichen Dasein einer irgendwie zusammenlebenden Menschengruppe eine höhere und gesteigerte, intensivere Art Sein hat."[15] Und auch Gerhard Leibholz ist in *Das Wesen der Repräsentation* (1929) mit Verweis auf Hegels *Grundlinien*[16] der Auffassung: Schon „rein sprachlich gesehen bedeutet Repräsentieren, daß etwas nicht real Präsentes wieder präsent, d. h. existenziell wird, etwas, was nicht gegenwärtig ist, wieder anwesend gemacht wird."[17] Im Gegensatz dazu geht das Relationsmodell davon aus, dass insbesondere die parlamentarische Repräsentation als prozesshaft organisierte Vertretung des Volks zu verstehen ist, die eine Begründung und Ausübung, Zurechnung und Legitimation demokratischer Herrschaft ermöglicht.[18] Im Rahmen dieses relationalen Verständnisses demokratischer Repräsentation ist jedoch zugleich der Repräsentationsbegriff selbst unter theoretischen Druck geraten. Dies zeigt die von Christoph Möllers entwickelte expressive Demokratietheorie:[19] „Demokratische Willensäußerung bildet nicht ab, was bereits bestand, sie bringt zum Ausdruck, was im Verfahren erst entsteht. Demokratie ist nicht repräsentativ, sie ist expressiv."[20]

---

[13] *Lepsius*, Repräsentation, Sp. 2036 (2037 ff.); ferner *Grimm*, Repräsentation, Sp. 878 ff.; *Hofmann/Dreier*, in: Schneider/Zeh, Parlamentsrecht und Parlamentspraxis, § 5, Rn. 8 ff.

[14] *Hofmann*, Repräsentation, S. 24.

[15] *Schmitt*, Verfassungslehre, S. 209 f. (Hervorhebung im Original; Klammerzusatz durch den Verfasser).

[16] *Hegel*, Grundlinien der Philosophie des Rechts, § 311 (S. 480 f.).

[17] *Leibholz*, Das Wesen der Repräsentation, S. 26 (Zitat), 37.

[18] *Lepsius*, Repräsentation, Sp. 2036 (2036, 2039).

[19] Vgl. oben S. 55.

[20] *Möllers*, Demokratie, S. 28; vgl. auch *ders.*, Expressive versus repräsentative Demokratie, S. 160 ff.

Möllers schlägt folglich vor, statt von einer repräsentativen Demokratie von „expressiver Demokratie“[21] zu sprechen. Doch so richtig dieser Hinweis auf den expressiven Charakter demokratischer Willensbildung ist, so wenig führt er zwangsläufig zu einer Verabschiedung des Repräsentationsbegriffs. Denn der demokratische Wille der Bürger/innen wird nicht um seiner selbst oder der „reinen“ Deliberation willen entfaltet, sondern um gemeinsam rechtlich verbindliche und zugleich politisch legitimierte Entscheidungen zu treffen. Dies bedeutet, dass die Demokratie die politische Vielheit und Pluralität der Bürger/innen mit Verfahren, Organisation und Institutionen verbinden muss, damit sich alle Bürger/innen die auf dieser Grundlage getroffenen Entscheidungen selbst zurechnen können, aber auch zurechnen (lassen) müssen. Insofern hat eine expressive Demokratietheorie vor allem eines zu leisten: eine Vermittlung zwischen der politischen Vielheit und der politischen Einheit der Bürger/innen. Diese Vermittlungsaufgabe kann der Repräsentationsbegriff (weiterhin) übernehmen, wenn man ihn mit Dieter Grimm dialektisch versteht: Die „parteipolitisch strukturierten Parlamente repräsentieren die Gesellschaft weniger in ihrer Übereinstimmung als in ihren Widersprüchen.“[22] Dieses dialektische Verständnis, das Grimm für die parlamentarische Repräsentation formuliert, lässt sich im relationalen Repräsentationsbegriff verallgemeinern: Die Institutionen des liberalen Verfassungsstaats repräsentieren die demokratische Einheit der Gesellschaft in ihrer politischen Pluralität und sozialen Diversität.

Damit können die Unterschiede zwischen dem Substanz- und dem Relationsmodell der Repräsentation mit Blick auf den Begriff der demokratischen Einheit veranschaulicht werden: Für das Substanzmodell liegt die Vorstellung der demokratischen Einheit in einer existenziellen Realität des Volkes, die in der Repräsentation schlicht abgebildet werden muss. Auf diese Weise unterstreicht das Substanzmodell das „Re-“ in seinem Begriff und Konzept der *Re*präsentation. Doch aufgrund der sozialen, politischen und rechtlichen Schwierigkeiten, politisches Urbild und *re*präsentierendes Abbild in einer pluralistischen Gesellschaft zur Deckung zu bringen, leidet das letztlich statische Substanzmodell an Wirklichkeitsverlusten.[23] Diesen Realitätsverlust des Substanzmodells gesteht

[21] *Möllers*, Demokratie, S. 29.

[22] *Grimm*, Repräsentation, Sp. 881.

[23] *Hofmann*, Repräsentation, S. 25, zum statischen Charakter von repräsentativen Abbildtheorien.

Carl Schmitt vollkommen offen ein: „Das Re in Repräsentation <enthält> den (überkompensierende[n]) Verstärkungswillen, der das Gefühl der Nicht-Wirklichkeit begleitet.“[24] Die Reaktionen auf den unweigerlichen Wirklichkeitsverlust substanzieller Repräsentationsverständnisse fallen sehr unterschiedlich aus: Teilweise wird die Kategorie demokratischer Repräsentation schlicht für hinfällig erklärt, „weil es, überspitzt gesagt, schlicht nichts Stabiles mehr zu repräsentieren gibt“[25]. Teilweise wird vorgeschlagen, Repräsentation von vornherein überhaupt nicht mehr als Vertretung oder Verkörperung des Volks zu verstehen, um zu einer Form der „Werte-Ausstrahlung als Macht“[26] überzugehen. Überwiegend versucht man aber, den Wirklichkeitsverlust des Substanzmodells ideell zu kompensieren: Das Volk wird als idealisierte Einheit umso existenzialistischer beschrieben, je substanzieller die *re*präsentativen Wirklichkeitsverluste ausfallen. Beispiele für diesen *re*präsentativen Existenzialismus sind die Idealisierung des Volks als eine „Schicksalsgemeinschaft“ oder als (relative) homogene politische Einheit.[27] Demgegenüber findet das Relationsmodell keine demokratische Einheit vor, sondern entfaltet diese ausgehend von den Bürgerinnen und Bürgern in demokratischen Verfahren, Organisation und Institutionen. „Im parlamentarischen Staat ist“ – so Rudolf Smend – „das Volk nicht schon an sich politisch vorhanden und wird dann noch einmal besonders, von Wahl zu Wahl und Kabinettsbildung zu Kabinettsbildung politisch besonders qualifiziert – sondern es hat sein Dasein als politisches Volk, als souveräner Willensverband in erster Linie vermöge der jeweiligen politischen Synthese, in der er immer wieder von neuem überhaupt als staatliche Wirklichkeit existent wird.“[28] Auf diese Weise unterstreicht das Relationsmodell die „-präsentation“ in seinem Verständnis von Re*präsentation*.[29] Mit diesem Verständnis von Re*präsentation* findet das Relationsmodell zugleich Anschluss an die Überlegungen zur Ästhetik der Verfassung.[30] Juliane Rebentisch hat dies wie folgt auf den Punkt gebracht: „Sofern richtig ist, dass das Selbst

---

[24] *Schmitt*, Glossarium, S. 87 (Klammerzusätze im Original).

[25] *Blühdorn*, Simulative Demokratie, S. 207.

[26] *Leisner*, DÖV 2019, S. 359 (364).

[27] Vgl. oben S. 105 f.

[28] *Smend*, Verfassung und Verfassungsrecht, S. 119 (155); hierzu *Vesting*, Eine Versetzung des Objektiven in die Subjektivität, S. 75 (88 ff.).

[29] Formulierung in Anlehnung an *Gellner/Strohmeier*, Repräsentation und Präsentation in der Mediengesellschaft.

[30] Vgl. oben S. 89 ff.

der kollektiven Selbstregierung nicht einfach als Einheit vorausgesetzt werden kann, sondern allererst in der politischen Repräsentation hervorgebracht werden muss, bedeutet dies nichts anderes, als dass es den *demos* der Demokratie niemals jenseits der damit zugleich etablierten Trennung zwischen Repräsentanten und Repräsentierten, Produzierenden und Rezipierenden, Regierenden und Regierten gibt. Es gibt ihn folglich niemals jenseits von Macht und Herrschaftsverhältnissen; es gibt ihn nie als solchen. Eben dadurch aber erhält das kollektive Selbst der Demokratie, erhält die Demokratie selbst ihre Zukunftsoffenheit. Denn die demokratische Antwort auf das Problem souveräner Macht besteht nicht darin, es zu verdecken, sondern auszustellen und so auf die Frage der Legitimität zu öffnen. Darin besteht die Pointe einer demokratisch verstandenen ‚Ästhetisierung des Politischen'."[31] Wir haben diese Textstelle bereits im Rahmen der „theatralischen Sendung der Demokratie" gelesen und mit dem ästhetischen Verständnis von Repräsentation im Sinn des Art. 22 Abs. 1 Satz 2 GG verfassungstheoretisch entfaltet.[32] Im vorliegenden Zusammenhang kann sie mit der zentralen Frage der Gesellschaft der Repräsentationen verbunden werden: Wer und was kommt wann, wo, wie und warum vor?[33] Die Antwort, die das Diversitätsprinzip auf diese Frage gibt, liegt in den diversen Repräsentationen der Bürger/innen: Die pluralistische Diversität unserer Gesellschaft kann in den Verfahren, der Organisation, den Ämtern und Institutionen des demokratischen Verfassungsstaats sichtbar ausgestaltet werden.

3. Diverse Repräsentationen

Für die verfassungstheoretische Entfaltung des Diversitätsprinzips in der demokratischen Re*präsentation* eröffnet die Verfassungsassemblage des Grundgesetzes eine ganze Reihe von Möglichkeiten. In diesem Zusammenhang kommt insbesondere dem Plädoyer von Hasso Hofmann[34] und Cara Röhner[35] besondere Bedeutung zu, über eine Fixierung auf das Parlament nicht die demokratische Repräsentation der übrigen Verfas-

[31] *Rebentisch*, Die Kunst der Freiheit, S. 22 f. (Hervorhebung im Original).
[32] Vgl. oben S. 90 f.
[33] Vgl. oben S. 122.
[34] *Hofmann*, Repräsentation, S. 29.
[35] *Röhner*, Ungleichheit und Verfassung, S. 258 ff.

sungsorgane aus den Augen zu verlieren. Deshalb soll im Folgenden den diversen Repräsentationen der Bürger/innen in Bundestag und Bundesrat nachgegangen werden.

Mit Blick auf den Deutschen Bundestag wird aktuell die Frage der Geschlechtergerechtigkeit demokratischer Repräsentation äußerst kontrovers diskutiert.[36] In der Verfassungsassemblage des Grundgesetzes lässt sich diese Debatte über die Verbindung des Rechts auf Demokratie mit dem Gebot der Gleichstellung der Geschlechter entfalten (Art. 1 Abs. 1 i. V. m. Art. 3 Abs. 2 und Abs. 3 Satz 1, Art. 20 Abs. 1 und 2, Art. 21 und Art. 38 Abs. 1 GG).[37] Allerdings geht eine identitätspolitische Ausdifferenzierung demokratischer Repräsentation weit über die Frage der Geschlechtergerechtigkeit hinaus: Auch ethnische, soziale und örtliche Herkunft, Religionen und Weltanschauungen, Behinderung, Alter und sexuelle Orientierung prägen die Identität der Bürger/innen und müssten folglich ebenfalls in die demokratische Repräsentation einfließen. Es bieten sich zwei Wege an, um das Diversitätsprinzip in der Repräsentation des Bundestags zur Geltung zu bringen: zum einen eine diversitätsorientierte Personalpolitik der politischen Parteien, zum anderen die quotierte Zusammensetzung des Bundestags.

Die Personalpolitik der politischen Parteien wird durch den Grundsatz der Parteienfreiheit (Art. 21 Abs. 1 Satz 2 GG) bestimmt: Parteien richten sich nicht nur programmatisch, sondern auch personalpolitisch aus (§ 1 Abs. 2 PartG), um an der politischen Willensbildung des Volkes mitzuwirken (Art. 21 Abs. 1 Satz 1 GG). Dies gilt sowohl für die Besetzung eigener Parteiämter als auch für die Aufstellung von Kandidatinnen und Kandidaten für politische Wahlen. In diesem Zusammenhang haben die Parteien die Grundsätze innerparteilicher Demokratie zu beachten (Art. 21 Abs. 1 Satz 3 GG). Jedem Parteimitglied muss deshalb grundsätzlich jedes Parteiamt offenstehen. Darüber hinaus verfügen die Parteien jedoch über einen weiten Gestaltungsspielraum, um den Diversitätsgrundsatz in ihrer Personalpolitik zur Geltung zu bringen:[38] So können Parteien in ihrer Satzung diversitätsorientierte Zielvorgaben, aber auch strikte Quoten vorsehen. Diese diversitätsorientierten Personalpolitiken der Parteien

---

[36] *Ungern-Sternberg*, JZ 2019, S. 525 ff.; *Röhner*, Unitäres Volk oder Parité?; *dies.*, Ungleichheit und Verfassung, S. 258 ff.; jew.m.w.N.

[37] Vgl. oben S. 52.

[38] *Rixen*, Demokratieprinzip und Gleichberechtigungsgebot, S. 59 (80 ff.).

legen aufgrund der Freiwilligkeit, sich in einer politischen Partei zu engagieren, niemanden identitätspolitisch fest. Über die programmatischen und personalpolitischen Angebote der verschiedenen Parteien entscheiden sodann die Wähler/innen in allgemeiner, unmittelbarer, freier, gleicher und geheimer Wahl (Art. 38 Abs. 1 Satz 1 GG). Auf diese Weise entfaltet die intern und extern wirkende Diversitätspolitik der politischen Parteien vor allem über die unterbreiteten Wahlvorschläge eine mittelbare Wirkung auf die repräsentative Diversität des Bundestags, ohne dass es zu identitätspolitischen Fremddefinitionen innerhalb von Parteien und zu Einschränkungen der strikt egalitären demokratischen Freiheit und Gleichheit der Bürger/innen bei Bundestagswahlen kommt.

Anstelle dieses indirekten Wegs über die politischen Parteien könnte man auch eine identitätspolitische Abkürzung nehmen: Ließe sich die diverse Repräsentativität der demokratischen Repräsentation des Deutschen Bundestags durch eine identitätspolitische Quotierung dessen Zusammensetzung steigern? Diese Frage ist meiner Auffassung nach zu verneinen: Das aktive und passive Wahlrecht ist ein streng formales, demokratisch-egalitäres Recht ohne Eigenschaften, das dem Prinzip repräsentativer und diverser Offenheit verpflichtet ist. Vier Argumente sind dafür ausschlaggebend. Erstens, das Lobbyismus-Argument: Es besteht die Gefahr, dass sich die Abgeordneten in einem identitätspolitisch quotierten Parlament nicht mehr als Vertreter/innen des ganzen Volks, sondern von identitätspolitischen Interessen verstehen und von den Bürgerinnen und Bürgern auch als solche wahrgenommen werden. Dieses Argument muss jedoch zurückhaltend formuliert werden, weil die Einschätzung dieses sehr stark changierenden Punkts der Gruppeninteressenvertretung verfassungsrechtlich nicht leichtfällt. Anna Katharina Mangold hat pointiert darauf hingewiesen, dass identitätspolitische Merkmale keine homogenen, sondern bestenfalls heterogene Gruppen formieren, die nicht notwendigerweise die gleichen Interessen repräsentieren.[39] Doch diese vollkommen zutreffende Feststellung wirkt meiner Auffassung nach nicht der Gefahr entgegen, dass Abgeordnete sich aufgrund eines „strategischen Essentialismus“ nicht doch als Vertreter/innen von Gruppeninteressen verstehen oder den Bürgerinnen und Bürgern als solche erscheinen. Zweitens, das Selektivitätsargument: Eine identitätspolitische Quotenre-

---

[39] *Mangold*, Repräsentation von Frauen und gesellschaftlich marginalisierten Personengruppen als demokratietheoretisches Problem, S. 109 (122 f.).

gelung kann für das Parlament nicht einzelne Identitätsmerkmale selektiv festschreiben, sondern müsste die identitätspolitische Diversität der Bürger/innen umfassend repräsentieren, also beispielsweise Geschlecht, Behinderung, Alter und Generation, Herkunft und Sprache, Religion und Weltanschauung, sozialen Status und sexuelle Orientierung.[40] Der Verweis auf einzelne verfassungsrechtliche Gleichstellungs- und Förderaufträge – wie beispielsweise die Gleichstellung von Frauen und Männern (Art. 3 Abs. 2 Satz 2 GG) oder Menschen mit Behinderung (Art. 3 Abs. 3 Satz 2 GG) – führt insofern nicht weiter. Auch alle anderen genannten identitätspolitischen Merkmale verfügen über verfassungsrechtliche Anknüpfungspunkte in den Grundrechten. Eine selektive identitätspolitische Quotierung wäre willkürlich und würde als Diskriminierung gegen den demokratischen Gleichheitssatz verstoßen. Drittens, das Quantitätsargument: Identitätspolitische Quotierungen des Parlaments können auch quantitativ nicht schlicht willkürlich festgelegt werden. Sie müssten – in der Logik dieser quotierenden Abbildungstheorie – mit Blick auf die Bürger/innen repräsentativ sein. Somit würden identitätspolitische Quoten die parlamentarische Legitimation und Repräsentation in die menschenunwürdigen Abgründe der biopolitischen Bevölkerungsstatistik überführen. Eine emanzipierende Identitätspolitik will aber gerade essentialistische Stigmatisierungen dieser Art überwinden. Viertens, das Pauschalisierungsargument: Die faktische Diversität der Gesellschaft lässt sich nicht konsequent in der politischen Repräsentation spiegeln. Folglich sind pauschalisierende Kompromisse notwendig. Diese münden jedoch in eine biopolitische Repräsentationsordnung, in der sich essentialistischer Repräsentationsanspruch und essentialistische Repräsentationswirklichkeit schlicht nicht decken (können) und deshalb in eine ständige essentialistische (De-)Legitimationskrise führen. Zusammengefasst: Es geht im parlamentarischen Regierungssystem darum, demokratisch zu wählen und nicht demographisch zu zählen. Identitätspolitische Quotierungen des Deutschen Bundestags sind letztlich Ausdruck eines politischen Neo-Substanzialismus, der mit dem Repräsentations- und Diversitätsprinzip verfassungsrechtlich nicht zu vereinbaren ist.[41] Dies bedeutet nun nicht, dass eine Entfaltung des Diversitätsprinzips in der Zusammensetzung des Deutschen Bundestags verfassungspolitisch nicht wünschenswert und verfassungsrechtlich nicht auch gestaltbar wäre. Sie lässt sich nur

[40] *Rixen*, Demokratieprinzip und Gleichberechtigungsgebot, S. 59 (77 f.).
[41] Ebd., S. 78.

nicht unmittelbar durch eine parlamentarische Quotierung, wohl aber mittelbar durch eine am Diversitätsgrundsatz orientierte Personalpolitik der Parteien verwirklichen.

Doch unsere Verfassungsordnung verfügt mit dem Bundesrat noch über ein weiteres föderales Repräsentationsorgan, das seltsamerweise in unseren identitätspolitischen Debatten keine Rolle spielt.[42] Dies ist umso erstaunlicher, als der Bundesrat eigentlich ein auf (föderale) Diversität ausgerichtetes Verfassungsorgan ist. Dies gerät häufig in Vergessenheit, weil der Bundesrat in der Tradition des deutschen Exekutivföderalismus steht, er sich deshalb aus Vertreterinnen und Vertretern parteipolitisierter Landesregierungen zusammensetzt und weil die Bürger/innen den „unitarischen Bundesstaat"[43] längst einfordern und leben. Wir haben mit dem Bundesrat also gegenwärtig ein noch parteipolitisch-bürokratisch geprägtes Verfassungsorgan übrig, mit dem wir etwas phantasievoller umgehen könnten, um die Diversität unserer pluralistischen Gesellschaft in der demokratischen Repräsentation zum Ausdruck zu bringen. Ein verfassungsrechtlicher Anknüpfungspunkt für die Entfaltung der föderalen Diversität der Bürger/innen im Bundesrat kann die föderale Zusammensetzung der Bundesversammlung für die Wahl des Bundespräsidenten bilden: Die Mitglieder der Bundesversammlung aus den Ländern werden von den Landtagen nach den Grundsätzen der Verhältniswahl gewählt (Art. 54 Abs. 3 GG). Nimmt man diesen Grundgedanken variierend auf, könnte sich das folgende diversitätsorientierte Reformkonzept für den Bundesrat ergeben: Jeder Landtag wählt auf der Grundlage eines spiegelbildlichen Vorschlagsrechts seiner Fraktionen beispielsweise zehn Bürger/innen, die das Land im Bundesrat repräsentieren. Für die Gewährleistung dieser repräsentativen Diversität kann das Grundgesetz zwar keine essentialistischen Quoten, wohl aber eine offen formulierte Diversitätszielbestimmung vorsehen. Diese schlägt den Landesparlamenten für die repräsentative Wahl ihrer Mitglieder des Bundesrats vor, beispielsweise Alter, Geschlecht, Herkunft, Generationen, Wohnort (Stadt/Land), Religion und Weltanschauung, soziales, ökonomisches und ökologisches Engagement und sexuelle Orientierung zu berücksichtigen. Eine solche Diversitätszielbestimmung für die föderale Repräsentation der Bürger/innen im Bundesrat wäre nicht essentialistisch. Die Identitätsmerkmale, welche die

---

[42] Kritisch *Röhner*, Ungleichheit und Verfassung, S. 334.
[43] *Hesse*, Der unitarische Bundesstaat.

föderale Diversität zum Ausdruck bringen, werden in der repräsentativen „Schwebe" gehalten: Sie sind gerade nicht quotenförmig fixiert, sondern werden intersektional, personell und zeitlich variieren. Darüber hinaus sollte eine Inkompatibilitätsregelung eine parteipolitisch überschießende Innentendenz bei der Besetzung des Bundesrats verhindern: Bürger/innen dürfen vor ihrer Wahl in den Bundesrat weder einer gesetzgebenden Körperschaft des Bundes oder eines Landes noch der Bundesregierung oder einer Landesregierung angehört haben. Die Wahl erfolgt auf fünf Jahre, wobei eine Wiederwahl ausgeschlossen ist. Selbstverständlich ließe sich dieses Konzept variieren und würde auch weitere Umgestaltungen in der Kompetenz des Bundesrats nach sich ziehen. So könnte dem Bundesrat aufgrund seiner veränderten demokratischen Legitimation – mit Ausnahme der Verfassungsänderung – nur noch ein Einspruchs- und kein Zustimmungsrecht mit Blick auf Bundesgesetze zustehen. Mit einem solchen Bundesrat als föderalem Verfassungsorgan gesellschaftlicher Diversität würden wir nicht nur die sehr ambivalente Tradition des deutschen Exekutivföderalismus endlich hinter uns lassen, sondern zugleich auch den Parlamentarismus in Deutschland stärken.

VIII. Schluss: Das Ende der Theorie?

Verfassungstheorien eröffnen zugespitzte Interpretationen und Erklärungen des Grundgesetzes. Sie stellen sich neuen Herausforderungen, an denen es mit Blick auf Demokratie, Gleichberechtigung, Solidarität, Ökologie und Digitalisierung nicht fehlt. Verfassungstheorien sind deshalb immer auch Theorien der „nächsten Gesellschaft“[1]. Der „kontrollierte Einsatz von Ideen“[2] erlaubt es, das Grundgesetz immer wieder neu und anders zu verstehen. Verfassungstheorien denken in Relationen und in Alternativen, und sie stellen sich deshalb auch immer wieder selbst in Frage.[3] Verfassungstheorien schreiben keine Texte, die selbstzufrieden in sich ruhen,[4] sondern sie suchen die Auseinandersetzung: Eine liberale Verfassungstheorie streitet heute für eine freie und soziale Demokratie der pluralistischen Bundesrepublik. Damit wendet sie sich gegen die alten und neuen Formen autoritärer und faschistischer Herrschaft. Aus diesen Gründen können sich weder eine zukunftsoffene Gesellschaft noch eine demokratische Verfassungsordnung eine „Theoriephobie“[5] leisten. Auch von einem „Ende der Theorie“[6] kann keine Rede sein.[7] Zwar meint Philipp Felsch, dass im Vergleich mit den Hochzeiten der Theorie in den 1960er und 1970er Jahren die Zukunft der Theorie heute ungewiss sei.[8] Doch vielleicht sollte man diese Feststellung ein klein wenig variieren: Die Zukunft der Theorie ist nicht ungewiss, sondern offen. Zum Glück!

---

[1] *Baecker*, Studien zur nächsten Gesellschaft, 2007, S. 8 f.

[2] *Baecker*, Wer hat Angst vor Hegel?, S. 257 (267).

[3] *Baecker*, Wozu Theorie?, S. 7 f.; *ders.*, Wer hat Angst vor Hegel?, S. 257 (260).

[4] *Glotz*, Die Arbeit der Zuspitzung, S. 12.

[5] *Voßkuhle*, GVwR I, § 1, Rn. 48, für eine Kritik der „Theoriephobie“ der deutschen Staatsrechts- und Verwaltungsrechtslehre; vgl. auch *Möllers/Voßkuhle*, Die Verwaltung 26 (2003), S. 321 (327 f.).

[6] *Anderson*, The End of Theory; vgl. hierzu kritisch *Kersten*, JuS 2015, S. 481 (482).

[7] *Felsch*, Der lange Sommer der Theorie, S. 237 ff., mit Verweis auf *Eagleton*, After Theory.

[8] Ebd., S. 240.

Literaturverzeichnis

Abendroth, Wolfgang: Das Grundgesetz, 3. Aufl., Pfullingen 1972.

Acuto, Michele/ *Curtis*, Simon: Assemblage Thinking and International Relations, in: dies. (Hrsg.), Reassembling International Theory. Assemblage Thinking and International Relations, Basingstoke 2014, S. 1–15.

Adorno, Theodor W.: Ästhetische Theorie, in: ders., Gesammelte Schriften, 7. Bd., Frankfurt 1997, S. 7–387.

Anderson, Chris: The End of Theory. The Data Deluge Makes the Scientific Method Obsolete? https://www.wired.com/2008/06/pb-theory/ (zuletzt abgerufen am 3.1.2020).

Anter, Andreas: Die Macht der Ordnung. Aspekte einer Grundkategorie des Politischen, Tübingen 2004.

Anter, Andreas: Max Weber und die Staatsrechtslehre, Tübingen 2016.

Arendt, Hannah: Es gibt nur ein einziges Menschenrecht, in: Die Wandlung 4 (1949), S. 754–770.

Arendt, Hannah: Walter Benjamin, in: dies., Walter Benjamin. Bertolt Brecht. Zwei Essays, 2. Aufl., München 1971, S. 7–62.

Arndt, Adolf: Das zeitgerechte Parlamentsgebäude, in: ders., Geist der Politik. Reden, Berlin 1965, S. 238–255.

Arndt, Adolf: Demokratie als Bauherr, in: ders., Geist der Politik. Reden, Berlin 1965, S. 217–237.

Baecker, Dirk: Studien zur nächsten Gesellschaft, Frankfurt 2007.

Baecker, Dirk: Wer hat Angst vor Hegel?, in: ders., Wozu Theorie? Aufsätze, Berlin 2016, S. 257–272.

Baecker, Dirk: Wozu Theorie? Aufsätze, Berlin 2016.

Baring, Arnulf: Machtwechsel. Die Ära Brandt-Scheel, 4. Aufl., Stuttgart 1983.

Battis, Ulrich: Demokratie als Bauherrin. Antrittsvorlesung vom 25.1.1994, Berlin 1995.

Battis, Ulrich/ *Gusy*, Christoph: Einführung in das Staatsrecht, 6. Aufl., Berlin/Boston 2018.

Beck, Ulrich: Die Neuvermessung der Ungleichheit unter den Menschen: Soziologische Aufklärung im 21. Jahrhundert, Frankfurt 2008.

Beck, Ulrich: Risikogesellschaft. Auf dem Weg in eine andere Moderne, Frankfurt 1986.

Beck, Ulrich: Weltrisikogesellschaft. Auf der Suche nach der verlorenen Sicherheit, Frankfurt 2007.

Benjamin, Walter: Das Kunstwerk im Zeitalter seiner technischen Reproduzierbarkeit, in: ders., Das Kunstwerk im Zeitalter seiner technischen Reproduzierbarkeit. Drei Studien zur Kunstsoziologie, Frankfurt 1963, S. 7–44.

Benjamin, Walter: Einbahnstraße, Frankfurt 1955.

Benjamin, Walter: Gesammelte Briefe, Bd. III 1925–1930, hrsg. Christoph Gödde/Henri Lonitz, Frankfurt 1997.

Bennett, Jane: Vibrant Mater. A Political Ecology of Things, Durham/London 2010.

Berros, María Valeria: Defending Rivers: Vilcabamba in the South of Ecuador, in: Anna Leah Tabios Hillebrecht/María Valeria Berros (Hrsg.), Can Nature Have Rights? Legal and Political Insights, Rachel Carson Center Perspectives 6/2017, S. 37–44.

Bessing, Joachim: Bonn. Atlantis der BRD, Berlin 2019.

Blühdorn, Ingolfur: Simulative Demokratie. Neue Politik nach der postdemokratischen Wende, Berlin 2013.

Böckenförde, Ernst-Wolfgang: „Beim Staat geht es nicht allein um Macht, sondern um die staatliche Ordnung als Freiheitsordnung". Biografisches Interview von Dieter Gosewinkel mit Ernst-Wolfgang Böckenförde, in: ders., Wissenschaft, Politik, Verfassungsgericht. Aufsätze von Ernst-Wolfgang Böckenförde. Biografisches Interview von Dieter Gosewinkel, Berlin 2011, S. 305–486.

Böckenförde, Ernst-Wolfgang: Bonn ist nicht Weimar, in: Archiv des öffentlichen Rechts (AöR) 97 (1967), S. 253–254.

Böckenförde, Ernst-Wolfgang: Demokratie als Verfassungsprinzip, in: Josef Isensee/Paul Kirchhof (Hrsg.), Handbuch des Staatsrechts (HStR), I. Bd., 1. Aufl., Heidelberg 1987, § 22, S. 887–952.

Böckenförde, Ernst-Wolfgang: Demokratie als Verfassungsprinzip, in: Josef Isensee/Paul Kirchhof (Hrsg.), Handbuch des Staatsrechts (HStR), II. Bd., 3. Aufl., Heidelberg 2004, § 24, S. 429–496.

Böckenförde, Ernst-Wolfgang: Demokratie und Repräsentation. Zur Kritik der heutigen Demokratiediskussion, in: ders., Staat, Verfassung, Demokratie. Studien zur Verfassungstheorie und zum Verfassungsrecht, Frankfurt 1991, S. 379–405.

Böckenförde, Ernst-Wolfgang: Der Begriff des Politischen als Schlüssel zum staatsrechtlichen Werk Carl Schmitts, in: ders., Recht, Staat, Freiheit. Studien zur Rechtsphilosophie, Staatstheorie und Verfassungsgeschichte, Frankfurt 1991, S. 344–366.

Böckenförde, Ernst-Wolfgang: Der verdrängte Ausnahmezustand. Zum Handeln der Staatsgewalt in außergewöhnlichen Lagen, in: Neue Juristische Wochenschrift (NJW) 31 (1978), S. 1881–1890.

Böckenförde, Ernst-Wolfgang: Die Eigenart der Staatsrechtslehre und der Staatsrechtswissenschaft, in: ders., Staat, Verfassung, Demokratie. Studien zur Verfassungstheorie und zum Verfassungsrecht, Frankfurt 1991, S. 11–28.

Böckenförde, Ernst-Wolfgang: Die Entstehung des Staates als Vorgang der Säkularisation, in: ders., Recht, Staat, Freiheit. Studien zur Rechtsphilosophie, Staatstheorie und Verfassungsgeschichte, 2. Aufl. 1992, S. 92–114.

Böckenförde, Ernst-Wolfgang: Die Methoden der Verfassungsinterpretation – Bestandsaufnahme und Kritik, in: Neue Juristische Wochenschrift (NJW) 29 (1976), S. 2089–2099.

Böckenförde, Ernst-Wolfgang: Neue Reichstags-Widmung so irrig wie die alte, in: Frankfurter Allgemeine Zeitung (FAZ), 13.4.2000.

Bohrer, Karl Heinz: Nach der Natur. Über Politik und Ästhetik, München/Wien 1988.

Bohrer, Karl Heinz: Provinzialismus. Ein physiognomisches Panorama, München/Wien 2000.

Bolingbroke, Henry St. John 1. Viscount: A Dissertation Upon Parties; In Several Letters to Caleb D'Anvers, Esq., 3. Aufl., London 1735.

Borries, Friedrich von: Donald Trump ist in seinem Sinne hervorragendes Design, in: Deutschlandradio Kultur, 29.11.2018 https://www.deutschlandfunkkultur.de/friedrich-von-borries-ueber-designte-politik-donald-trump.1008.de.html?dram:article_id=434537 (zuletzt abgerufen am 3.1.2020).

Borries, Friedrich von: Weltentwerfen. Eine politische Designtheorie, Berlin 2016.

Brara, Rita: Courting Nature: Advances in Indian Jurisprudence, in: Anna Leah Tabios Hillebrecht/María Valeria Berros (Hrsg.), Can Nature Have Rights? Legal and Political Insights, Rachel Carson Center Perspectives 6/2017, S. 31–36.

Bredekamp, Horst: Der Behemoth. Metamorphosen des Anti-Leviathan, Berlin 2016.

Bredekamp, Horst: Ikonographie des Staates: der Leviathan und die Folgen, in: Kritische Justiz (KJ) 33 (2000), S. 395–411.

Bredekamp, Horst: Thomas Hobbes Der Leviathan. Das Urbild des modernen Staates und seine Gegenbilder. 1651–2001, 3. Aufl., Berlin 2006.

Bredekamp, Horst: Von Walter Benjamin zu Carl Schmitt, via Hobbes, in: Deutsche Zeitschrift für Philosophie (DZPihl) 46 (1998), S. 901–916.

Brock, Bazon: Sterbende Götter und freiheitsstiftende Ampeln. Was ist Public Interest Design? Vortrag gehalten am 20.11.2017 an der Bergischen Universität Wuppertal, in: Christoph Rodatz/Pierre Smolarski (Hrsg.), Was ist Public Interest Design? Beiträge zur Gestaltung öffentlicher Interessen, Bielefeld 2018, S. 145–155.

Buchanan, Ian: Assemblage Theory and Its Discontents, in: Deleuze Studies 9 (2015), S. 382–392.

Bumke, Christian: Rechtsdogmatik. Eine Disziplin und ihre Arbeitsweise. Zugleich eine Studie über das rechtsdogmatische Arbeiten Friedrich Carl von Savignys, Tübingen 2017.

Bumke, Christian: Rechtsdogmatik. Überlegungen zur Entwicklung und zu den Formen einer Denk- und Arbeitsweise der deutschen Rechtswissenschaft, in: JuristenZeitung (JZ) 69 (2014), S. 641–650.

Clarke, John/*Bainton*, Dave/*Lendvai*, Noémi/*Stubbs*, Paul: Making Policy Move. Towards a politics of translation and assemblage, Bristol 2015.

Crutzen, Paul J.: Geology of mankind: the Anthropocene, in: Nature 415 (3.1.2002), S. 23.

Dahrendorf, Ralf: Auf der Suche nach einer neuen Ordnung. Vorlesungen zur Politik der Freiheit im 21. Jahrhundert, München 2003.

Dahrendorf, Ralf: Betrachtungen über die Revolution in Europa in einem Brief, der an einen Herrn in Warschau gerichtet ist, Stuttgart 1990.

Dahrendorf, Ralf: Die Krisen der Demokratie. Ein Gespräch mit Antonio Polito, München 2002.

Dahrendorf, Ralf: Gesellschaft und Demokratie in Deutschland, München 1965.

Dahrendorf, Ralf: Raymond Aron, in: ders., Liberale und andere. Portraits, Stuttgart 1994, S. 113–130.

Dahrendorf, Ralf: Reisen nach innen und außen. Aspekte der Zeit, Stuttgart 1984.

Dahrendorf, Ralf: Über Grenzen. Lebenserinnerungen, München 2002.

Damler, Daniel: Rechtsästhetik. Sinnliche Analogien im juristischen Denken, Berlin 2016.

DeLanda, Manuel: A New Philosophy of Society. Assemblage Theory and Social Complexity, London/New Delhi/New York/Sydney 2006.

Deleuze, Gilles/*Guattari*, Félix: A Thousand Plateaus. Capitalism and Schizophrenia, London/Oxford/New York/New Delhi/Sydney 2016.

Demmers, Jolle/*Gould*, Lauren: An assemblage approach to liquid warfare: AFRICOM and the „hunt" for Joseph Kony, in: Security Dialogue 49 (2018), S. 364–381.

Depenheuer, Otto: Staatskalokagathie. Ästhetische Annäherungen an Staat und Politik, in: ders. (Hrsg.), Staat und Schönheit. Möglichkeiten und Grenzen einer Staatskalokagathie, Wiesbaden 2005, S. 7–22.

Der Parlamentarische Rat 1948–1949: Akten und Protokoll, 13/II. Bd., München 2002.

Doderer, Heimito von: Die Strudelhofstiege oder Melzer und die Tiefe der Jahre, München 2013.

Dreier, Hort: Idee und Gestalt des freiheitlichen Verfassungsstaates, Tübingen 2014.

Eagleton, Terry: After Theory, London 2003.

Ehmke, Horst: Prinzipien der Verfassungsauslegung, in: Veröffentlichungen der Vereinigung der Deutschen Staatsrechtslehrer (VVDStRL) 20 (1963), S. 53–102.

Faßbender, Bardo: International Constitutional Law: Written or Unwritten? In: Chinese Journal of International Law (CJIL) 15 (2016), S. 489–515.

Felsch, Philipp: Der lange Sommer der Theorie. Geschichte einer Revolte. 1960–1990, München 2015.

Felsch, Philipp/*Witzel*, Frank: BRD Noir, Berlin 2016.

Fischer-Lescano, Andreas: Natur als Rechtsperson. Konstellationen der Stellvertretung im Recht, in: Zeitschrift für Umweltrecht (ZUR) 29 (2018), S. 205–216.

Forsthoff, Ernst: Begriff und Wesen des sozialen Rechtsstaats, in: Veröffentlichungen der Vereinigung der Deutschen Staatsrechtslehrer (VVDStRL) 12 (1954), S. 8–36.

Forsthoff, Ernst: Der Staat der Industriegesellschaft. Dargestellt am Beispiel der Bundesrepublik Deutschland, München 1971.

Forsthoff, Ernst: Die Bundesrepublik Deutschland, in: ders., Rechtsstaat im Wandel. Verfassungsrechtliche Abhandlungen 1950–1964, Stuttgart 1964, S. 197–212.

Franßen, Everhardt: Der neue Art. 16a GG als „Grundrechtsverhinderungsvorschrift“, in: Deutsches Verwaltungsblatt (DVBl.) 108 (1993), S. 300–303.

Franzius, Claudio: Klimaschutz im Anthropozän, in: Zeitschrift für Europäisches Umwelt- und Planungsrecht (EurUP) 17 (2019), S. 498–508.

Frick, Verena: Die Staatsrechtslehre im Streit um ihren Gegenstand. Die Staats- und Verfassungsdebatten seit 1979, Tübingen 2018.

Fukuyama, Francis: Identity. Contemporary Identity Politics and the Struggle for Recognition, London 2018.

Gärditz, Klaus Ferdinand: Die Staatsrechtslehre im Streit um ihren Gegenstand, in: Der Staat 57 (2018), S. 633–648.

Geiger, Stephan: The Art of Assemblage. The Museum of Modern Art, 1961. Die neue Realität der Kunst in den frühen sechziger Jahren, Bonn 2005.

Gellner, Winand/*Strohmeier*, Gerd (Hrsg.): Repräsentation und Präsentation in der Mediengesellschaft, Baden-Baden 2003.

Glanert, Simone: Law-in-translation: an assemblage in motion, in: The Translator 20 (2014), S. 255–277.

Glotz, Peter: Die Arbeit der Zuspitzung. Über die Organisation einer regierungsfähigen Linken, Berlin 1984.

Glotz, Peter: Kampagne in Deutschland. Politisches Tagebuch 1981–1983, Hamburg 1986.

Gould, Lauren: The Global Justice Assemblage International Criminal Law Enforcement and the Governing of the Northern Ugandan Conflict, Ridderkerk 2016.

Grimm, Dieter: Ändert das Grundgesetz!, in: Frankfurter Allgemeine Zeitung (FAZ), 29.12.2010, S. 6.

Grimm, Dieter: Repräsentation, in: Görres-Gesellschaft (Hrsg.), Staatslexikon, 4. Bd., 7. Aufl., Freiburg/Basel/Wien 1988/1995, Sp. 878–882.

Grimm, Dieter: Souveränität. Herkunft und Zukunft eines Schlüsselbegriffs, Berlin 2009.

Grimm, Dieter: Ursprung und Wandel der Verfassung, in: Josef Isensee/Paul Kirchhof (Hrsg.), Handbuch des Staatsrechts (HStR), I. Bd., 3. Aufl., Heidelberg 2003, § 1, S. 3–43.

Gross, Johannes: Begründung der Berliner Republik. Deutschland am Ende des 20. Jahrhunderts, Stuttgart 1995.

Gruber, Malte-Christian: Rechtsschutz für nichtmenschliches Leben. Der moralische Status des Lebendigen und seine Implementierung in Tierschutz-, Naturschutz- und Umweltrecht, Baden-Baden 2005.

Gründer, Karlfried: Diskussionsbeitrag, in: Helmut Quaritsch (Hrsg.), Complexio Oppositorum. Über Carl Schmitt, Berlin 1988, S. 396.

Günther, Frieder: Denken vom Staat her. Die bundesdeutsche Staatsrechtslehre zwischen Dezision und Integration 1949–1970, München 2004.

Gumplowicz, Ludwig: Geschichte der Staatstheorien, Innsbruck 1905.

Gutmann, Andreas: Pachamama als Rechtssubjekt? Rechte der Natur und indigenes Denken in Ecuador, in: Zeitschrift für Umweltrecht (ZUR) 30 (2019), S. 611–617.

Habermas, Jürgen: Braucht Europa eine Verfassung? Eine Bemerkung zu Dieter Grimm, in: ders., Die Einbeziehung des Anderen. Studien zur politischen Theorie, 2. Aufl., Frankfurt 1997, S. 185–191.

Habermas, Jürgen: Carl Schmitt in der politischen Geistesgeschichte der Bundesrepublik, in: ders., Die Normalität der Berliner Republik, Frankfurt, 1995, S. 112–122.

Habermas, Jürgen: Die postnationale Konstellation und die Zukunft der Demokratie, in: ders., Die postnationale Konstellation. Politische Essays, Frankfurt 1998, S. 91–169.

Habermas, Jürgen: Faktizität und Geltung. Beiträge zur Diskurstheorie des Rechts und des demokratischen Rechtsstaats, Frankfurt 1992.

Habermas, Jürgen: Strukturwandel der Öffentlichkeit. Untersuchung zu einer Kategorie der bürgerlichen Gesellschaft, Frankfurt 1990.

Habermas, Jürgen: Über den internen Zusammenhang von Rechtsstaat und Demokratie, in: ders., Die Einbeziehung des Anderen. Studien zur politischen Theorie, 2. Aufl., Frankfurt 1997, S. 293–305.

Habermas, Jürgen: Zur Verfassung Europas. Ein Essay, Berlin 2011.

Hacke, Jens: Die Bundesrepublik als Idee. Zur Legitimationsbedürftigkeit politischer Ordnung, Hamburg 2009.

Häberle, Peter: Demokratische Verfassungstheorie im Lichte des Möglichkeitsdenkens, in: Archiv des öffentlichen Rechts (AöR) 102 (1977), S. 27–68.

Häberle, Peter: Die offene Gesellschaft der Verfassungsinterpreten: Ein Beitrag zur pluralistischen und „prozessualen“ Verfassungsinterpretation, in: Juristen-Zeitung (JZ) 30 (1975), S. 297–305.

Häberle, Peter: Grundrechtsgeltung und Grundrechtsinterpretation im Verfassungsstaat – Zugleich zur Rechtsvergleichung als ‚fünfter' Auslegungsmethode –, in: JuristenZeitung (JZ) 44 (1989), S. 913–919.

Häberle, Peter/*Kotzur*, Markus: Europäische Verfassungslehre, 8. Aufl., Baden-Baden 2019.

Haltern, Ulrich: Europarecht. Dogmatik im Kontext, I. Bd., 3. Aufl., Tübingen 2017.

Haltern, Ulrich: Europarecht. Dogmatik im Kontext, II. Bd., 3. Aufl., Tübingen 2017.

Haltern, Ulrich: Internationales Verfassungsrecht? Anmerkungen zu einer kopernikanischen Wende, in: Archiv des öffentlichen Rechts (AöR) 128 (2003), S. 511–557.

Harman, Graham: Conclusions: Assemblage Theory and Its Future, in: Michele Acuto/Simon Curtis (Hrsg.), Reassembling International Theory. Assemblage Thinking and International Relations, Basingstoke 2014, S. 118–130.

Hegel, Georg Wilhelm Friedrich: Grundlinien der Philosophie des Rechts oder Naturrecht und Staatswissenschaft im Grundrisse, in: ders., Werke, 7. Bd., 2. Aufl., Frankfurt 1989.

Heller, Hermann: Politische Demokratie und soziale Homogenität, in: ders., Gesammelte Schriften, 2. Bd., 2. Aufl., Tübingen 1992, S. 421–433.

Hennis, Wilhelm: Auf dem Weg in den Parteienstaat. Aufsätze aus vier Jahrzehnten, Stuttgart 1998.

Hennis, Wilhelm: Regieren im modernen Staat. Politikwissenschaftliche Abhandlungen I, Tübingen 1999.

Hennis, Wilhelm: „Suchet der Stadt Bestes …". „Politik als Beruf" in der Berliner Republik, in: André Kaiser/Thomas Zittel (Hrsg.), Demokratietheorie und Demokratieentwicklung. Festschrift für Peter Graf Kielmansegg, Wiesbaden 2004, S. 317–322.

Hennis, Wilhelm: Zum Begriff und Problem des politischen Stils, in: ders., Politikwissenschaft und politisches Denken. Politikwissenschaftliche Abhandlungen II, Tübingen 2000, S. 177–193.

Hesse, Konrad: Der unitarische Bundesstaat, Karlsruhe 1962.

Hesse, Konrad: Grundzüge des Verfassungsrechts der Bundesrepublik Deutschland, 20. Aufl. (Neudruck), Heidelberg 1999.

Hobbes, Thomas: Leviathan oder Stoff, Form und Gewalt eines kirchlichen und bürgerlichen Gemeinwesens, hrsg. v. Iring Fetscher, 3. Aufl., Frankfurt 1989.

Hoffmann-Riem, Wolfgang: Umbauten im Hause des Rechts angesichts des Wandels von Staatlichkeit, in: Der Staat-Beiheft 21 (2013), S. 347–370.

Hofmann, Hasso: Legitimität gegen Legalität. Der Weg der politischen Theorie Carl Schmitts, 2. Aufl., Berlin 1992.

Hofmann, Hasso: Repräsentation. Studien zur Wort- und Begriffsgeschichte von der Antike bis ins 19. Jahrhundert, Berlin 1974.

Hofmann, Hasso/*Dreier*, Horst: Repräsentation, Mehrheitsprinzip und Minderheitenschutz, in: Hans-Peter Schneider/Wolfgang Zeh (Hrsg.), Parlamentsrecht und Parlamentspraxis in der Bundesrepublik Deutschland. Ein Handbuch, Berlin/New York 1989, § 5, S. 165–197.

Holmes, Stephen: The Anatomy of Antiliberalism, Cambridge (MA)/London 1993.

Honneth, Axel: Das Recht der Freiheit. Grundriß einer demokratischen Sittlichkeit, Berlin 2011.

Huhnholz, Sebastian: Von Carl Schmitt zu Hannah Arendt? Heidelberger Entstehungsspuren und bundesrepublikanische Liberalisierungsschichten von Reinhart Kosellecks *Kritik und Krise*, Berlin 2019.

Ingold, Albert: Das Recht der Oppositionen. Verfassungsbegriff – Verfassungsdogmatik – Verfassungstheorie, Tübingen 2015.

Ingold, Albert: Digitalisierung demokratischer Öffentlichkeiten, in: Der Staat 56 (2017), S. 491–533.

Ingold, Albert: Grundrechtsschutz sozialer Emergenz – eine Neukonfiguration juristischer Personalität in Art. 19 Abs. 3 GG angesichts webbasierter Kollektivitätsformen –, in: Der Staat 53 (2014), S. 193–226.

Ingold, Albert: Oppositionsrechte stärken?, in: Zeitschrift für Rechtspolitik (ZRP) 49 (2016), S. 143–145.

Isensee, Josef: Staatsrepräsentation und Verfassungspatriotismus. Ist die Republik der Deutschen zu Verbalismus verurteilt?, in: Jörg-Dieter Gauger/Justin Stagl (Hrsg.), Staatsrepräsentation, Berlin 1992, S. 223–241.

Jarass, Hans D./*Pieroth*, Bodo: Grundgesetz für die Bundesrepublik Deutschland. Kommentar, 15. Aufl., München 2018.

Jellinek, Georg: System der subjektiven öffentlichen Rechte, 2. Aufl., Tübingen 1905.

Jestaedt, Matthias: Die Verfassung hinter der Verfassung, Paderborn/München/Wien/Zürich 2009.

Jestaedt, Matthias: Verfassungstheorie als Disziplin, in: Otto Depenheuer/Christoph Grabenwarter (Hrsg.), Verfassungstheorie, Tübingen 2010, § 1, S. 4–56.

Kahl, Wolfgang: Einleitung: Nachhaltigkeit als Verbundbegriff, in: ders (Hrsg.), Nachhaltigkeit als Verbundbegriff, Tübingen 2008, S. 1–35.

Kahl, Wolfgang/ *Waldhoff*, Christian/ *Walter*, Christian (Hrsg.): Bonner Kommentar zum Grundgesetz, 200. Aufl., Heidelberg 2019.

Kant, Immanuel: Grundlegung zur Metaphysik der Sitten, in: ders., Werkausgabe, hrsg. v. Wilhelm Weischedel, 7. Bd., 11. Aufl., Frankfurt 1991, S. 9–102.

Kaube, Jürgen: Das Nichts nach Nolde, in: FAZ, 28.8.2019, S. 9.

Kelsen, Hans: Reine Rechtslehre. Einleitung in die rechtswissenschaftliche Problematik, Leipzig/Wein 1934.

Kersten, Jens: Ausnahmezustand?, in: Juristische Schulung (JuS) 56 (2016), S. 193–203.

Kersten, Jens: Das Anthropozän-Konzept. Kontrakt – Komposition – Konflikt, Baden-Baden 2014.

Kersten, Jens: Die Prosa der Verfassung, in: Inka Mülder-Bach/Jens Kersten/Martin Zimmermann (Hrsg.), Prosa schreiben. Literatur – Geschichte – Recht, Paderborn 2019, S. 175–197.

Kersten, Jens: Die Rechte der Natur und die Verfassungsfrage des Anthropozän, in: Jens Soentgen/Ulrich M. Gassner/Julia von Hayek/Alexandra Manzei (Hrsg.), Umwelt und Gesundheitsforschung. Interdisziplinäre Perspektiven, Baden-Baden 2020, S. 87–120.

Kersten, Jens: Digitale Rechtsdidaktik. Rechtswissenschaft und Juristenausbildung als „Digital Humanities", in: Juristische Schulung (JuS) 55 (2015), S. 481–490.

Kersten, Jens: Georg Jellinek und die klassische Staatslehre, Tübingen 2000.

Kersten, Jens: Hugo Preuß. Zum 150. Geburtstag, in: JuristenZeitung (JZ) 65 (2010), S. 1062–1063.

Kersten, Jens: Natur als Rechtssubjekt. Für eine ökologische Revolution des Rechts; in: Aus Politik und Zeitgeschichte (APuZ) 11/2020, S. 27–32.

Kersten, Jens: Ökologischer Liberalismus. Der anthropozäne Wandel der Welt, in: Zeitschrift für Europäisches Umwelt- und Planungsrecht (EurUP) 14 (2016), S. 312–323.

Kersten, Jens: Parlamentarische oder stabile Regierung, in: Christoph Gusy (Hrsg.), Weimars lange Schatten – „Weimar" als Argument nach 1945, Baden-Baden 2003, S. 281–310.

Kersten, Jens: Parlamentarismus und Populismus, in: Juristische Schulung (JuS) 58 (2018), S. 929–936.

Kersten, Jens: Parlamentskunst – Über das Verhältnis von demokratischer und symbolischer Repräsentation –, in: Martin Hochhuth (Hrsg.), Nachdenken über Staat und Recht. Kolloquium zum 60. Geburtstag von Dietrich Murswiek, Berlin 2010, S. 149–169.

Kersten, Jens: Realitätsverschiebungen. Politische und verfassungsrechtliche Dimensionen von Augmented und Virtual Reality, in: Stefan Rieger/Armin Schäfer/Anna Tuschling (Hrsg.), Virtuelle Lebenswelten. Körper – Räume – Affekte, im Erscheinen.

Kersten, Jens: Relative Rechtssubjektivität. Über autonome Automaten und emergente Schwärme, in: Zeitschrift für Rechtssoziologie (ZfRSoz) 37 (2017), S. 8–25.

Kersten, Jens: Schwarmdemokratie. Der digitale Wandel des liberalen Verfassungsstaats, Tübingen 2017.

Kersten, Jens: Teilverfasste Wirtschaft, in: Thomas Vesting/Stefan Korioth (Hrsg.), Der Eigenwert des Verfassungsrechts. Was bleibt von der Verfassung nach der Globalisierung?, Tübingen 2011, S. 135–147.

Kersten, Jens: Was kann das Verfassungsrecht vom Verwaltungsrecht lernen?, in: Deutsches Verwaltungsblatt (DVBl.) 126 (2011), S. 586–591.

Kersten, Jens: Who Needs Rights of Nature?, in: Anna Leah Tabios Hillebrecht/María Valeria Berros (Hrsg.), Can Nature Have Rights? Legal and Political Insights, Rachel Carson Center Perspectives 6/2017, S. 9–13.

Kischel, Uwe: Rechtsvergleichung, München 2015.

Koselleck, Reinhart: Reinhart Koselleck über Carl Schmitt. Interview von Claus Peppel, 14.3.1994, in: Reinhart Koselleck/Carl Schmitt, Der Briefwechsel 1953–1983 und weitere Materialien, hrsg. v. Jan Eike Dunkhase, Berlin 2019, S. 373–391.

Koselleck, Reinhart/*Schmitt*, Carl: Der Briefwechsel 1953–1983 und weitere Materialien, hrsg. v. Jan Eike Dunkhase, Berlin 2019.

Kracauer, Siegfried: Aufruhr der Mittelschichten. Eine Auseinandersetzung mit dem „Tat"-Kreis, in: ders., Das Ornament der Masse. Essays, Frankfurt 1977, S. 81–105.

Krockow, Christian Graf von: Politik und menschliche Natur. Dämme gegen die Selbstzerstörung, Stuttgart 1987.

Krüper, Julian: Auf der Suche nach neuer Identität. Die Verfassung der Berliner Republik verlässt den Schonraum der Nachkriegszeit, in: Thomas Duve/Stefan Ruppert (Hrsg.), Rechtswissenschaft in der Berliner Republik, Berlin 2018, S. 238–269.

Laak, Dirk van: Gespräche in der Sicherheit des Schweigens. Carl Schmitt in der politischen Geistesgeschichte der frühen Bundesrepublik, 2. Aufl., Berlin 2002.

Latour, Bruno: An Attempt at a „Compositionist Manifesto", in: New Library History (NLH) 41 (2010), S. 471–490.

Latour, Bruno: Das Parlament der Dinge. Für eine politische Ökologie, Frankfurt 2010.

Latour, Bruno: Das terrestrische Manifest, Berlin 2018.

Latour, Bruno: Eine neue Soziologie für eine neue Gesellschaft. Einführung in die Akteur-Netzwerk-Theorie, Frankfurt 2007.

Latour, Bruno: Kampf um Gaia. Acht Vorträge über das Neue Klimaregime, Berlin 2017.

Latour, Bruno: The Affects of Capitalism https://www.youtube.com/watch?v=8i-ZKfShovs (zuletzt abgerufen am 3.1.2020).

Latour, Bruno: Versuch eines „Kompositionistischen Manifests", in: Zeitschrift für Theoretische Soziologie (ZTS) 1/2013, S. 8–30.

Leibholz, Gerhard: Das Wesen der Repräsentation unter Berücksichtigung des Repräsentativsystems. Ein Beitrag zur allgemeinen Staats- und Verfassungslehre, Berlin/Leipzig 1929.

Leibholz, Gerhard: Der Strukturwandel der modernen Demokratie, in: ders., Strukturprobleme der modernen Demokratie, 3. Aufl., Karlsruhe 1967, S. 78–131.

Leibholz, Gerhard: Volk und Partei im neuen deutschen Verfassungsrecht, in: ders., Strukturprobleme der modernen Demokratie, 3. Aufl., Karlsruhe 1967, S. 71–77.

Leisner, Walter: Der schöne Staat. Ästhetik in rechtlicher Ordnung, Berlin 2018.

Leisner, Walter: „Repräsentation" im Öffentlichen Recht. Vertretung – Verkörperung – Machtdarstellung, in: Die Öffentliche Verwaltung (DÖV) 72 (2019), S. 359–364.

Lepsius, Oliver: Kontextualisierung als Aufgabe der Rechtswissenschaft, in: JuristenZeitung (JZ) 74 (2019), S. 793–802.

Lepsius, Oliver: Repräsentation, in: Werner Heun/Martin Honecker/Jörg Haustein/Martin Morlok/Joachim Wieland (Hrsg.), Evangelisches Staatslexikon, Stuttgart 2006, Sp. 2036–2041.

Lepsius, Oliver: Uwe Volkmann, Grundzüge einer Verfassungslehre der Bundesrepublik Deutschland, 2013 (Besprechung), in: JuristenZeitung (JZ) 69 (2014), S. 192–193.

Lindner, Josef Franz: Rechtswissenschaft als Metaphysik. Das Münchhausenproblem einer Selbstermächtigungswissenschaft, Tübingen 2017.

Loughlin, Martin: Großbritannien, in: Armin von Bogdandy/Pedro Cruz Villalón/Peter Michael Huber (Hrsg.), Handbuch Ius Publicum Europaeum (IPE), I. Bd., Heidelberg 2007, § 4, S. 217–271.

Loughlin, Martin: Politonomy, in: ders., Political Jurisprudence, Oxford 2017, S. 124–140.

Loughlin, Martin: The British Constitution. A Very Short Introduction, Oxford 2013.

Loughlin, Martin: The Idea of Public Law, London 2004.

Luce, Edward: The Retreat of Western Liberalism, New York 2017.

Lübbe, Hermann: Carl Schmitt liberal rezipiert, in: Helmut Quaritsch (Hrsg.), Complexio Oppositorum. Über Carl Schmitt, Berlin 1988, S. 427–440.

Luhmann, Niklas: Grundrechte als Institution. Ein Beitrag zur politischen Soziologie, 3. Aufl., Berlin 1986.

Luhmann, Niklas: Politische Soziologie, Berlin 2010.

Luhmann, Niklas: Politische Theorie im Wohlfahrtsstaat, München 1991.

Luhmann, Niklas: Soziale Systeme. Grundriß einer allgemeinen Theorie, 4. Aufl., Frankfurt 1984.

Luhmann, Niklas: Zur Funktion der „subjektiven Rechte", in: ders., Ausdifferenzierung des Rechts. Beiträge zur Rechtssoziologie und Rechtstheorie, Frankfurt 1981, S. 360–373.

Macron, Emmanuel: Initiative für Europa, Rede des Französischen Staatspräsidenten, Paris 26.9.2017 https://de.ambafrance.org/Initiative-fur-Europa-Die-Rede-von-Staatsprasident-Macron-im-Wortlaut (zuletzt abgerufen am 3.1.2020).

Mangold, Anna Katharina: Das Böckenförde-Diktum, in: Verfassungsblog (VerfBlog) 2019/5/09.

Mangold, Anna Katharina: Demokratische Inklusion durch Recht. Antidiskriminierungsrecht als Ermöglichungsbedingung der demokratischen Begegnung von Freien und Gleichen, Tübingen 2020.

Mangold, Anna Katharina: Repräsentation von Frauen und gesellschaftlich marginalisierten Personengruppen als demokratietheoretisches Problem, in: Marion Eckertz-Höfer/Margarete Schuler-Harms (Hrsg.), Gleichberechtigung und Demokratie – Gleichberechtigung in der Demokratie. (Rechts-)Wissenschaftliche Annäherungen, Baden-Baden 2019, S. 109–124.

Mangoldt, Hermann von/*Klein*, Friedrich/*Starck*, Christian: Grundgesetz. Kommentar, 7. Aufl., München 2018.

Manow, Phillip: Im Schatten des Königs. Die politische Anatomie demokratischer Repräsentation, 2. Aufl., Frankfurt 2015.

Mauch, Christof: Mensch und Umwelt. Nachhaltigkeit aus historischer Perspektive, München 2014.

Mehring, Reinhard: Carl Schmitt. Aufstieg und Fall. Eine Biographie, München 2009.

Mehring, Reinhard: Von der diktatorischen „Maßnahme" zur liberalen Freiheit. Ernst-Wolfgang Böckenfördes dogmatischer Durchbruch in Heidelberg, in: JuristenZeitung (JZ) 70 (2015), S. 860–865.

Meier, Christian: Diskussionsbeitrag, in: Helmut Quaritsch (Hrsg.), Complexio Oppositorum. Über Carl Schmitt, Berlin 1988, S. 396.

Meinel, Florian: Zum Kaffee in Bellevue, in: Frankfurter Allgemeine Zeitung (FAZ), 22.5.2019, S. N3.

Menke, Christoph: Kritik der Rechte, Berlin 2015.

Merkel, Angela: Europa muss handlungsfähig sein – nach außen und innen, in: Frankfurter Allgemeine Sonntagszeitung (FAS), 3.6.2018, S. 2–3.

Meyer, Hans: Wie ein deutscher Staatsrechtslehrer mit Kanonen auf Spatzen schießt – und sie verfehlt, in: Michael Diers/Kaspar König (Hrsg.), „Der Bevölkerung". Aufsätze und Dokumente zur Debatte um das Reichstagsprojekt von Hans Haacke, Frankfurt 2000, S. 35–46.

Möller, Kolja: Formenwandel der Verfassung. Die postdemokratische Verfasstheit des Transnationalen, Bielefeld 2015.

Möller, Kolja: Global Asseblages im neuen Konstitutionalismus. Rechtstheoretische Probleme der neo-gramscianischen internationalen politischen Ökonomie (IPÖ), in: Ancilla Iuris 2008, S. 44–56.

Möllers, Christoph: Das Grundgesetz. Geschichte und Inhalt, München, 2009.

Möllers, Christoph: Demokratie – Zumutungen und Versprechen, Berlin 2008.

Möllers, Christoph: Der Methodenstreit als politischer Generationskonflikt. Ein Angebot zur Deutung der Weimarer Staatsrechtslehre, in: Der Staat 43 (2004), S. 399–423.

Möllers, Christoph: Dogmatik der grundgesetzlichen Gewaltengliederung, in: Archiv des öffentlichen Rechts (AöR) 132 (2007), S. 494–538.

Möllers, Christoph: Drei Gewalten. Legitimation der Gewaltengliederung in Verfassungsstaat, Europäischer Integration und Internationalisierung, Weilerswist 2008.

Möllers, Christoph: Elemente einer ethischen Grundrechtstheorie, in: Rechtswissenschaft (RW) 1 (2010), S. 188–193.

Möllers, Christoph: Expressive versus repräsentative Demokratie, in: Regina Kreide/Andreas Niederberger (Hrsg.), Transnationale Verrechtlichung. Nationale Demokratien im Kontext globaler Politik, Frankfurt/New York 2008, S. 160–182.

Möllers, Christoph: Gewaltengliederung. Legitimation und Dogmatik im nationalen und internationalen Rechtsvergleich, Tübingen 2005.

Möllers, Christoph: Römischer Konziliarismus und politische Form. Ernst-Wolfgang Böckenförde zum 80. Geburtstag, in: Zeitschrift für Ideengeschichte (ZIG) 4 (2010), S. 107–114.

Möllers, Christoph: Staat als Argument, 2. Aufl., Tübingen 2011.

Möllers, Christoph: Wir Bürger(lichen), in: Merkur 818 (2017), S. 5–16.

Möllers, Christoph/*Voßkuhle*, Andreas: Die deutsche Staatsrechtswissenschaft im Zusammenhang der internationalisierten Wissenschaften, in: Die Verwaltung 26 (2003), S. 321–332.

Mouffe, Chantal: Das demokratische Paradox, Wien/Berlin 2015.

Mouffe, Chantal: Für einen linken Populismus, Berlin 2018.

Mouffe, Chantal: Über das Politische. Wider die kosmopolitische Illusion, Frankfurt 2007.

Müller, Friedrich: Die Einheit der Verfassung – Kritik des juristischen Holismus. Elemente einer Verfassungstheorie III, Berlin 1979.

Müller, Friedrich/*Christensen*, Ralph: Juristische Methodik, I. Bd., 9. Aufl., Berlin 2004.

Müller, Jan-Werner: Was ist Populismus? Ein Essay, 2. Aufl., Berlin 2016.

Münkler, Laura: Die Bauhaus-Ästhetik des Rechts. Zum Widerstreit zwischen verschiedenen ästhetischen Bedürfnissen des Rechts, Manuskript, München 2019.

Münkler, Laura: Inszenierung von Recht als Wirksamkeitsbedingung. Warum und wie Recht inszenieren?, in: dies./Julia Stenzel (Hrsg.), Inszenierung von Recht. Funktionen – Modi – Interaktionen, Weilerswist 2019, S. 19–40.

Münkler, Laura: Metaphern im Recht. Zur Bedeutung organischer Vorstellungen von Staat und Recht, in: Der Staat 55 (2016), S. 181–211.

Murswiek, Dietrich: Bundestag darf sich nicht vom Volk verabschieden. Das Parlament muss gegen umstrittenes Kunstwerk stimmen, in: Focus 52/2000.

Murswiek, Dietrich: Parlament, Kunst und Demokratie. Zum Selbstverständnis und zur Selbstdarstellung des Bundestages am Beispiel des Kunstprojekts „Lichthof Nord", in: Dieter Dörr/Udo Fink/Christian Hillgruber/Bernhard Kempen/Dietrich Murswiek (Hrsg.), Die Macht der Demokratie. Festschrift für Hartmut Schiedermair, Heidelberg 2001, S. 211–246.

Mußgnug, Reinhard: Carl Schmitts verfassungsrechtliches Werk und sein Fortwirken im Staatsrecht der Bundesrepublik Deutschland, in: Helmut Quaritsch (Hrsg.), Complexio Oppositorum. Über Carl Schmitt, Berlin 1988, S. 517–528.

Platon: Der Staat. Übersetzt von August Horneffer. Eingeleitet von Kurt Hildebrandt, Stuttgart 1973.

Poppenberg, Gerhard: Herbst der Theorie. Erinnerung an die alte Gelehrtenrepublik Deutschland. Berlin 2018.

Quaritsch, Helmut: Probleme der Selbstdarstellung des Staates, Tübingen 1977.

Quaritsch, Helmut: Weiteres zur „Selbstdarstellung des Staates", in: Die Öffentliche Verwaltung (DÖV) 46 (1993), S. 1070–1075.

Rebentisch, Juliane: Die Kunst der Freiheit. Zur Dialektik demokratischer Existenz, 3. Aufl., Berlin 2019.

Reckwitz, Andreas: Die Gesellschaft der Singularitäten. Zum Strukturwandel der Moderne, 5. Aufl., Berlin 2018.

Rilke, Rainer Maria: Archaïscher Torso Apollos, in: ders., Gedichte, 3. Teil, Leipzig 1927, S. 117.

Rixen, Stephan: Demokratieprinzip und Gleichberechtigungsgebot: Verfassungsrechtliche Relationen, in: Marion Eckertz-Höfer/Margarete Schuler-Harms (Hrsg.), Gleichberechtigung und Demokratie – Gleichberechtigung in der Demokratie. (Rechts-)Wissenschaftliche Annäherungen, Baden-Baden 2019, S. 59–84.

Rixen, Stephan: Geschlechtertheorie als Problem der Verfassungsauslegung. Anmerkungen zum Beschluss des BVerfG vom 10.10.2017 – 1 BvR 2019/16 zur geschlechtlichen Diversität, in: JuristenZeitung (JZ) 73 (2018), S. 317–327.

Rixen, Stephan: Jan Christoph Suntrup, Umkämpftes Recht. Zur mehrdimensionalen Analyse rechtskultureller Konflikte durch die politische Kulturforschung, Frankfurt 2018 (Besprechung), in: JuristenZeitung (JZ) 74 (2019), S. 243–244.

Röhner, Cara: Ungleichheit und Verfassung. Vorschlag für eine rationale Rechtsanalyse, Weilerswist 2019.

Röhner, Cara: Unitäres Volk oder Parité? Für eine materielle Perspektive auf die Demokratie, in: Verfassungsblog (VerfBlog) 2019/1/04.

Roellecke, Gerd: Beobachtung der Verfassungstheorie, in: Otto Depenheuer/ Christoph Grabenwarter (Hrsg.), Verfassungstheorie, Tübingen 2010, § 2, S. 57–68.

Rousseau, Jean-Jacques: Vom Gesellschaftsvertrag oder Grundsätze des Staatsrechts, hrsg. v. Eva Pietzcker/Hans Brockard, Stuttgart 1977.

Sassen, Saskia: Territory, Authority, Rights. From Medieval to Global Assemblages, Princeton/Oxford 2006.

Sassen, Saskia/*Ong*, Aihwa: The Carpenter and the Bricoleur. A Conversation with Saskia Sassen and Aihwa Ong, in: Michele Acuto/Simon Curtis (Hrsg.), Reassembling International Theory. Assemblage Thinking and International Relations, Basingstoke 2014, S. 17–24.

Sauer, Heiko: Demokratische Legitimation zwischen Staatsorganisationsrecht und grundrechtlichem Teilhabeanspruch. Ein Beitrag zum Verhältnis von Verfassungsrecht und Verfassungstheorie, in: Der Staat 58 (2019), S. 7–40.

Scharpf, Fritz: Demokratietheorie zwischen Utopie und Anpassung, Konstanz 1970.

Scharpf, Fritz: Optionen des Föderalismus in Deutschland und Europa, Frankfurt 1994.

Schellnhuber, Hans Joachim/*Crutzen*, Paul J./*Clark*, William C./*Hunt*, Julian: Earth System Analysis for Sustainability, in: Environment 47/8 (10.10.2005), S. 11–25.

Schlak, Stephan: Wilhelm Hennis. Szenen einer Ideengeschichte der Bundesrepublik, München 2008.

Schlink, Bernhard: Abschied von der Dogmatik. Verfassungsrechtsprechung und Verfassungswissenschaft im Wandel, in: JuristenZeitung (JZ) 62 (2007), S. 157–162.

Schlink, Bernhard: Bemerkungen zum Stand der Methodendiskussion in der Verfassungsrechtswissenschaft, in: Der Staat 19 (1980), S. 73–107.

Schlink, Bernhard: Der Lehrer Ernst-Wolfgang Böckenförde, in: Der Staat 58 (2019), S. 441–444.

Schlink, Bernhard: Die Entthronung der Staatsrechtswissenschaft durch die Verfassungsgerichtsbarkeit, in: Der Staat 28 (1989), S. 161–172.

Schlink, Bernhard: Why Carl Schmitt?, in: Rechtshistorisches Journal (RJ) 10 (1991), S. 160–176.

Schmitt, Carl: Das Gesetz zur Behebung der Not von Volk und Reich, in: Deutsche Juristen-Zeitung (DJZ) 38 (1933), Sp. 455–458.

Schmitt, Carl: Das Reichsstatthaltergesetz, Berlin 1933.

Schmitt, Carl: Der Begriff des Politischen. Text von 1932 mit einem Vorwort und drei Corollarien, 3. Aufl. 1963, Berlin 1991.

Schmitt, Carl: Der Führer schützt das Recht. Zur Reichstagsrede Adolf Hitlers vom 13. Juli 1934, in: Deutsche Juristen-Zeitung (DJZ) 39 (1934), Sp. 945–960.

Schmitt, Carl: Der Hüter der Verfassung. 4. Aufl., Berlin 1996.

Schmitt, Carl: Der Leviathan in der Staatslehre des Thomas Hobbes. Sinn und Fehlschlag eines politischen Symbols, 3. Aufl., Stuttgart 2003.

Schmitt, Carl: Der Nomos der Erde im Völkerrecht des Jus Publicum Europeum, 4. Aufl., Berlin 1997.

Schmitt, Carl: Der Weg des deutschen Juristen, in: Deutsche Juristen-Zeitung (DJZ) 39 (1934), Sp. 691–698.

Schmitt, Carl: Die deutsche Rechtswissenschaft im Kampf gegen den jüdischen Geist, in: Deutsche Juristen-Zeitung (DJZ) 41 (1936), Sp. 1193–1199.

Schmitt, Carl: Die Diktatur. Von den Anfängen des modernen Souveränitätsgedankens bis zum proletarischen Klassenkampf, 6. Aufl., Berlin 1994.

Schmitt, Carl: Die Diktatur des Reichspräsidenten, in: Veröffentlichungen der Vereinigung der Deutschen Staatsrechtslehrer (VVDStRL) 1 (1924), S. 63–105.

Schmitt, Carl: Die geistesgeschichtliche Lage der deutschen Rechtswissenschaft, in: Deutsche Juristen-Zeitung (DJZ) 41 (1936), Sp. 15–20.

Schmitt, Carl: Die geistesgeschichtliche Lage des heutigen Parlamentarismus, 8. Aufl., Berlin 1996.

Schmitt, Carl: Die Verfassung der Freiheit, in: Deutsche Juristen-Zeitung (DJZ) 40 (1935), Sp. 1133–1135.

Schmitt, Carl: Ein Jahr nationalsozialistischer Verfassungsstaat, in: Deutsches Recht. Zentral-Organ des Bundes Nationalsozialistischer Deutscher Juristen (DR) 4 (1934), S. 27–30.

Schmitt, Carl: Fünf Leitsätze für die Rechtspraxis, in: Deutsches Recht. Zentral-Organ des Bundes Nationalsozialistischer Deutscher Juristen (DR) 3 (1933), S. 201–202.

Schmitt, Carl: Glossarium. Aufzeichnungen aus den Jahren 1947 bis 1958, hrsg. v. Gerd Giesler/Martin Tielke, Berlin 2015.

Schmitt, Carl: Legalität und Legitimität, 5. Aufl., Berlin 1993.

Schmitt, Carl: Nationalsozialistisches Rechtsdenken, in: Deutsches Recht. Zentral-Organ des Bundes Nationalsozialistischer Deutscher Juristen (DR) 4 (1934), S. 225–229.

Schmitt, Carl: Politische Theologie. Vier Kapitel zur Lehre von der Souveränität, 6. Aufl., Berlin 1993.

Schmitt, Carl: Staat, Bewegung. Volk. Die Dreigliederung der politischen Einheit, Hamburg 1933.

Schmitt, Carl: Staatsgefüge und Zusammenbruch des zweiten Reiches. Der Sieg des Bürgers über den Soldaten, Hamburg 1934.

Schmitt, Carl: Über die drei Arten des rechtswissenschaftlichen Denkens, 3. Aufl., Berlin 2006.

Schmitt, Carl: Verfassungslehre, 7. Aufl., Berlin 1989.

Schmitt, Carl: Was bedeutet der Streit um den „Rechtsstaat"?, in: Zeitschrift für die gesamte Staatswissenschaft (ZgesStW) 95 (1935), S. 189–201.

Schorkopf, Frank: Staat und Diversität. Agonaler Pluralismus für die liberale Demokratie, Paderborn 2017.

Schuppert, Gunnar Folke: „Theorizing Europe" oder von der Überfälligkeit einer disziplinenübergreifenden Europawissenschaft, in: Gunnar Folke Schuppert/Ingolf Pernice/Ulrich Haltern (Hrsg.), Europawissenschaft, Baden-Baden 2005, S. 3–35.

Sendler, Horst: Der verhüllte Reichstag und die Smendsche Integrationslehre, in: Neue Juristische Wochenschrift (NJW) 48 (1995), S. 2602–2603.

Séville, Astrid: Der Sound der Macht. Eine Kritik der dissonanten Herrschaft, München 2018.

Sloterdijk, Peter: Das Anthropozän – Ein Prozess-Zustand am Rande der Erd-Geschichte?, in: Jürgen Renn/Bernd Scherer (Hrsg.), Das Anthropozän. Zum Stand der Dinge, Berlin 2015, S. 25–44.

Sloterdijk, Peter: Du mußt dein Leben ändern. Über Anthropotechnik, Frankfurt 2009.

Sloterdijk, Peter: Fast heilige Schrift. Versuch über das Grundgesetz, in: ders., Was geschah im 20. Jahrhundert?, Berlin 2016, S. 291–303.

Smend, Rudolf: Die politische Gewalt im Verfassungsstaat und das Problem der Staatsform, in: ders., Staatsrechtliche Abhandlungen und andere Aufsätze, 3. Aufl., Berlin 1994, S. 68–88.

Smend, Rudolf: Integration, in: ders., Staatsrechtliche Abhandlungen und andere Aufsätze, 3. Aufl., Berlin 1994, S. 482–486.

Smend, Rudolf: Integrationslehre, in: ders., Staatsrechtliche Abhandlungen und andere Aufsätze, 3. Aufl., Berlin 1994, S. 475–481.

Smend, Rudolf: Verfassung und Verfassungsrecht, in: ders., Staatsrechtliche Abhandlungen und andere Aufsätze, 3. Aufl., Berlin 1994, S. 119–276.

Sombart, Werner: Der moderne Kapitalismus. Das Wirtschaftsleben im Zeitalter des Hochkapitalismus, III/2. Bd., Berlin 1928.

Specter, Matthew G.: What's „Left" in Schmitt? From Aversion to Appropriation in Contemporary Political Theory, in: Jens Meierhenrich/Oliver Simons (Hrsg.), The Oxford Handbook of Carl Schmitt, Oxford 2016, S. 427–454.

Steinhauer, Fabian: Vom Scheiden. Geschichte und Theorie einer juristischen Kulturtechnik, Berlin 2015.

Stolleis, Michael: Verfassung(ge)schichten, Tübingen 2017.

Stone, Christopher D.: Should Trees Have Standing? Toward Legal Rights For Natural Objects, in: Southern California Law Review (S. Cal. L. Rev.) 45 (1972), S. 450–501.

Suntrup, Jan Christoph: Umkämpftes Recht. Zur mehrdimensionalen Analyse rechtskultureller Konflikte durch die politische Kulturforschung, Frankfurt 2018.

Susemichel, Lea/*Kastner*, Jens: Identitätspolitiken. Konzepte und Kritiken in Geschichte und Gegenwart der Linken, Münster 2018.

Taylor, Charles: Die Politik der Anerkennung, in: ders., Multikulturalismus und die Politik der Anerkennung, 3. Aufl., Frankfurt 2017, S. 11–66.

Teubner, Gunther: Verfassungsfragmente. Gesellschaftlicher Konstitutionalismus in der Globalisierung, Berlin 2012.

Thiele, Alexander: Gleichheit angesichts von Vielfalt als Gegenstand des philosophischen und juristischen Diskurses, in: Deutsches Verwaltungsblatt (DVBl.) 133 (2018), S. 1112–1119.

Tomuschat, Christian: International Law: Ensuring The Survival of Mankind on The Eve of a New Century. General Course on Public International Law, in: Recueil des Cours (RdC) 281 (1999), S. 1–438.

Tomuschat, Christian: Verfassungsgewohnheitsrecht? Eine Untersuchung zum Staatsrecht der Bundesrepublik Deutschland, Heidelberg 1972.

Twellmann, Marcus: Assemblage (Collage, Montage) für einen neuen Formalismus, in: Deutsche Vierteljahrsschrift für Literaturwissenschaft und Geistesgeschichte (DVjs) 93 (2019), S. 239–261.

Ungern-Sternberg, Antje von: Parité-Gesetzgebung auf dem Prüfstand des Verfassungsrechts, in: JuristenZeitung (JZ) 74 (2019), S. 525–534.

Vesting, Thomas: Die Medien des Rechts, 4. Bd., Computernetzwerke, Weilerswist 2015.

Vesting, Thomas: Eine Versetzung des Objektiven in die Subjektivität. Ein Beitrag zu Recht und Literatur, in: Inka Mülder-Bach/Jens Kersten/Martin Zimmermann (Hrsg.), Prosa schreiben. Literatur – Geschichte – Recht, Paderborn 2019, S. 75–92.

Vesting, Thomas: Staatstheorie. Ein Studienbuch, München 2018.

Vitzthum, Wolfgang Graf: Form, Sprache, Stil der Verfassung, in: Otto Depenheuer/Christoph Grabenwarter (Hrsg.), Verfassungstheorie, Tübingen 2010, § 10, S. 373–389.

Volkmann, Uwe: Grundzüge einer Verfassungslehre der Bundesrepublik Deutschland, Tübingen 2013.

Volkmann, Uwe: Rechts-Produktion oder: Wie die Theorie der Verfassung ihren Inhalt bestimmt, in: Der Staat 54 (2015), S. 35–62.

Volkmann, Uwe: Verfassungsänderung und Verfassungswandel, in: JuristenZeitung (JZ) 73 (2018), S. 265–271.

Volkmann, Uwe: Zur heutigen Situation einer Verfassungstheorie, in: Der Staat 51 (2012), S. 601–615.

Voßkuhle, Andreas: Demokratie und Populismus, in: Der Staat 57 (2018), S. 119–134.

Voßkuhle, Andreas: Der europäische Verfassungsgerichtsverbund, in: Neue Zeitschrift für Verwaltungsrecht (NVwZ) 29 (2010), S. 1–8.

Voßkuhle, Andreas: Der Sozialstaat in der Rechtsprechung des Bundesverfassungsgerichts, in: Sozialgerichtsbarkeit (SGb) 58 (2011), S. 181–186.

Voßkuhle, Andreas: Der Wandel der Verfassung und seine Grenzen, in: Juristische Schulung (JuS) 59 (2019), S. 417–423.

Voßkuhle, Andreas: Die Staatstheorie des Bundesverfassungsgerichts, in: Der Staat-Beiheft 21 (2013), S. 371–383.

Voßkuhle, Andreas: „Grundrechtspolitik" und Asylkompromiß. Zur Verfassungsänderung als Instrument politischer Konfliktbewältigung am Beispiel des Artikel 16a GG, in: Die Öffentliche Verwaltung (DÖV) 47 (1994), S. 53–66.

Voßkuhle, Andreas: Neue Verwaltungsrechtswissenschaft, in: Wolfgang Hoffmann-Riem/Eberhard Schmidt-Aßmann/Andreas Voßkuhle (Hrsg.), Grundlagen des Verwaltungsrechts, I. Bd., 2. Aufl., München 2012, § 1, S. 1–63.

Voßkuhle, Andreas: Umweltschutz und Grundgesetz, in: Neue Zeitschrift für Verwaltungsrecht (NVwZ) 32 (2013), S. 1–8.

Voßkuhle, Andreas: Verfassungsstil und Verfassungsfunktion. Ein Beitrag zum Verfassungshandwerk, in: Archiv des öffentlichen Rechts (AöR) 119 (1994), S. 35–60.

Wahl, Rainer: Entwicklungspfade im Recht, in: JuristenZeitung (JZ) 68 (2013), S. 369–379.

Waldhoff, Christian: Das andere Grundgesetz. Gedanken über Verfassungskultur, München 2019.

Weber, Max: Deutschlands künftige Staatsform, in: ders., Gesammelte Politische Schriften, 5. Aufl., Tübingen 1988, S. 448–483.

Weber, Max: Die protestantische Ethik und der Geist des Kapitalismus, in: ders., Gesammelte Aufsätze zur Religionssoziologie I, 9. Aufl., Tübingen 1988, S. 17–236.

Weber, Max: Parlament und Regierung im neugeordneten Deutschland, in: ders., Gesammelte Politische Schriften, 5. Aufl., Tübingen 1988, S. 306–443.

Weber, Max: Politik als Beruf. Vortrag, in: ders., Gesammelte Politische Schriften, 5. Aufl., Tübingen 1988, S. 505–560.

Weber, Werner: Weimarer Verfassung und Bonner Grundgesetz, Göttingen 1949.

Weiler, Joseph H. H.: Der Staat „über alles". Demos, Telos und die Maastricht-Entscheidung des Bundesverfassungsgerichts, in: Jahrbuch des öffentlichen Rechts (JöR) 44 (1996), S. 91–135.

Weiß, Volker: Die autoritäre Revolte. Die Neue Rechte und der Untergang des Abendlandes, Stuttgart 2017.

Wissenschaftlicher Beirat der Bundesregierung Globale Umweltveränderung (WBGU): Welt im Wandel. Gesellschaftsvertrag für eine Große Transformation, Berlin 2011.

Wolff, Heinrich Amadeus: Ungeschriebenes Verfassungsrecht unter dem Grundgesetz, Tübingen 2000.

World Commission on Environment and Development: Our Common Future, 1987 https://sustainabledevelopment.un.org/content/documents/5987our-common-future.pdf (zuletzt abgerufen am 3.1.2020).

Wurm, Oliver/*Volleritsch*, Andreas: GG. Die Würde des Menschen ist unantastbar, Hamburg 2018.

Personen- und Sachverzeichnis